资源价格波动、政府财政收支
与地方经济增长

王丽艳 著

RESOURCE PRICE FLUCTUATION,
FISCAL REVENUE AND EXPENDITURE,
AND ECONOMIC GROWTH

中国财经出版传媒集团

经济科学出版社
Economic Science Press

北 京

图书在版编目（CIP）数据

资源价格波动、政府财政收支与地方经济增长/王
丽艳著 . -- 北京：经济科学出版社，2023.7
ISBN 978 - 7 - 5218 - 4996 - 7

Ⅰ. ①资… Ⅱ. ①王… Ⅲ. ①资源产业 – 影响 – 地方
财政 – 财政收支 – 中国②资源产业 – 区域经济发展 – 研究
– 中国 Ⅳ. ①F812.7②F127

中国国家版本馆 CIP 数据核字（2023）第 145024 号

责任编辑：胡成洁
责任校对：王京宁
责任印制：范 艳

资源价格波动、政府财政收支与地方经济增长

王丽艳 著

经济科学出版社出版、发行 新华书店经销
社址：北京市海淀区阜成路甲 28 号 邮编：100142
经管中心电话：010 - 88191335 发行部电话：010 - 88191522
网址：www. esp. com. cn
电子邮箱：espcxy@ 126. com
天猫网店：经济科学出版社旗舰店
网址：http：//jjkxcbs. tmall. com
北京季蜂印刷有限公司印装
710 × 1000 16 开 11 印张 170000 字
2023 年 7 月第 1 版 2023 年 7 月第 1 次印刷
ISBN 978 - 7 - 5218 - 4996 - 7 定价：58.00 元
（图书出现印装问题，本社负责调换。电话：010 - 88191545）
（版权所有 侵权必究 打击盗版 举报热线：010 - 88191661
QQ：2242791300 营销中心电话：010 - 88191537
电子邮箱：dbts@ esp. com. cn）

　　本书为国家自然科学基金项目"资源价格波动、财政收支与经济增长"（项目编号：71903132）研究成果。

序

  资源型地区是中国资源能源供应的主体，对于保障国家能源资源安全、推动国民经济持续健康发展具有举足轻重的地位。推进资源型地区转型发展，是立足新发展阶段、贯彻新发展理念、构建新发展格局的重要战略举措，有助于实现资源型地区经济高质量发展，进一步促进区域间均衡发展。2021 年《推进资源型地区高质量发展"十四五"实施方案》中提出推进资源型地区高质量发展，构建新的发展格局。2023 年政府工作报告中提到促进资源型地区转型发展，鼓励有条件地区发挥带动作用，形成更多新的增长极。

  目前，中国大多数资源型地区经济发展仍然高度依赖于采矿业。采矿行业为资源型地区贡献了丰厚的财政收入，中国采矿业企业主要缴纳增值税、企业所得税、资源税等税种，以及矿产资源补偿费、探矿权和采矿权"两权"价款等非税款项。其中，地方政府可以获得增值税、企业所得税两税的地方分享部分，以及绝大多数资源税和资源相关的非税收入。以鄂尔多斯市为例，2020 年鄂尔多斯市采选业总产值为 1468.9 亿元，占全市生产总值的 41.35%。2021 年鄂尔多斯市资源税占一般公共预算收入的比重达到 16.29%，非税收入占比为 22.37%。[①] 资源型地区高度依赖于资

[①] 资料来源：鄂尔多斯市矿产资源总体规划（2021－2025 年）以及《鄂尔多斯统计年鉴 2022》。

源收入的特征，使地方政府财政收入容易受到资源产品价格的影响。当受到国际石油、煤炭等能源价格持续下滑的大幅冲击时，资源型地区的财政收入将大幅下滑；当资源价格上涨时，地区财政将面临"意外横财"。资源价格的变化导致资源型地区主要财源受到冲击，将改变地方政府财政支出节奏，进而影响地区经济增长。

　　资源型地区经济转型一直是国家高度关注的问题。相关的研究成果非常丰富，但是研究视角各有不同。本书基于财政学视角以及产业关联视角研究了资源型地区经济增长以及转型问题，提出了新的学术观点。本书各章节安排如下。第一章介绍研究背景和意义。第二章是文献综述及评论，较为全面地梳理了"资源诅咒"和"资源福音"相关的文献，归纳了各种影响机制。第三章介绍相关概念及理论。第四章实证检验了资源丰裕与财政收入的关系，利用中国县市财政数据探讨资源型地区资源繁荣对地区财政收入结构的影响。第五章实证检验了资源丰裕与财政支出结构的关系，探讨资源丰裕对地区财政支出的影响以及如何进一步影响其支出结构、公共品提供和财政支出效率。第六章实证分析了资源丰裕与地区创新水平的关系，打开了资源丰裕地区财政资金使用的"黑箱"，进一步深入探讨了其影响机制。第七章实证分析了资源丰裕对地区经济增长的影响，从产业关联的视角，基于中国工业企业数据，研究资源丰裕对地区非采矿制造业企业的影响，并深入探讨了其影响机制。第八章是全书结论与政策建议。

目　录

第1章　导论 ·· 1
　　1.1　研究背景及意义 ···························· 1
　　1.2　研究内容与方法 ···························· 5

第2章　文献综述及评论 ···························· 9
　　2.1　资源诅咒及机制分析 ···················· 10
　　2.2　资源非诅咒及理论解释 ················· 19
　　2.3　研究述评 ·································· 22

第3章　相关概念及理论分析 ···················· 23
　　3.1　概念的界定 ······························ 23
　　3.2　相关变量衡量方法 ······················ 33
　　3.3　相关理论分析 ···························· 39

第4章　采矿业繁荣与财政收入 ··················· 53
　　4.1　问题的提出 ······························ 53
　　4.2　实证模型和策略 ·························· 54
　　4.3　变量选取 ································· 56
　　4.4　实证分析结果 ···························· 58
　　4.5　案例分析 ································· 78
　　4.6　本章小结 ································· 83

第5章　采矿业繁荣与财政支出 ··················· 84
　　5.1　问题的提出 ······························ 84

5.2 数据与识别策略 ··· 86

5.3 实证结果 ··· 88

5.4 机制分析 ··· 103

5.5 案例分析 ··· 106

5.6 本章小结 ··· 107

第6章 采矿业繁荣与企业创新 ····························· 109

6.1 问题的提出 ··· 109

6.2 数据和识别策略 ··· 113

6.3 实证结果 ··· 116

6.4 机制检验 ··· 123

6.5 本章小结 ··· 127

第7章 采矿业繁荣与制造业增长 ······················ 129

7.1 问题的提出 ··· 129

7.2 数据说明与描述统计 ······································ 132

7.3 计量模型与变量定义 ······································ 135

7.4 实证结果 ··· 136

7.5 空间效应分析 ··· 147

7.6 本章小结 ··· 149

第8章 结论与政策建议 ··· 150

8.1 收入端政策建议 ··· 151

8.2 支出端政策建议 ··· 152

8.3 完善财税金融制度的政策建议 ······················ 153

参考文献 ·· 154

后记 ·· 167

第1章　导　　论

1.1　研究背景及意义

1.1.1　理论背景及意义

本书主要研究了资源丰裕对地方财政收支以及经济增长的影响，理论层面主要从"资源诅咒"和"资源福利"两个方面对资源型地区经济增长的内在逻辑进行了梳理。对于"资源诅咒"，本书从资源型地区财政收支行为以及公共品提供、企业创新等方面提供了新的证据，同时，基于产业关联视角验证了"资源福音"① 确实存在。

通常，人们认为资源越丰富的地区经济增长应当越快，但盖尔布（Gelb，1988）却发现资源丰裕地区资本形成效率更低，资源更丰富的地区经济增长反而更慢，奥蒂（Auty，1993）将这种现象称为"资源诅咒"。许多学者从不同的角度对"资源诅咒"现象进行了解释，其中最经典的一种解释是"荷兰病"理论。"荷兰病"理论主要从资源产业对制造业的挤出角度进行了研究，阐述了资源数量增加时产生的两种效应：一方面使得资源出口增加，引起本国货币升值；另一方面使得农业、制造业的劳动力和资本转移

① "资源福音"即自然资源禀赋好的地区可以将资源优势转换为经济增长优势。

至资源部门。上述两种效应叠加导致制造业出口下降和非贸易品的成本上升，而制造业具有"干中学"的技术溢出效应，其与劳动力规模有正向关系，资源数量增加通过挤出制造业造成本国技术积累下降，对经济的长期发展有负向作用。有学者从人力资本和制度等角度分别对"资源诅咒"现象进行了解释。比如，阿塞亚和拉希里（Asea and Lahiri，1999）通过建立内生增长模型，从教育投资的角度解释了"资源诅咒"，即资源禀赋增加会导致非技能劳动工人工资相对于技能劳动者的工资更高，这种工资的优势提高了工人受教育的机会成本，使政府部门容易低估或者忽视良好的经济政策以及教育的必要性，更多的人口被锁定在低技能的资源部门，也使得其他部门对教育质量的需求受到限制，从而抑制了人力资本水平的积累，最终损害经济增长。萨克斯和沃纳（Sachs and Warner，1995）从制度方面对"资源诅咒"进行了解释，即资源价格上涨会导致地方政府财政收入突然增加，进而使得官员变得盲目自信，同时变得更加懒惰，使得政府管理的制度质量下降，对经济增长具有负向影响。而还有一些学者指出采矿业繁荣通过产业关联效应、集聚效应对其他产业有正向作用，从而带来了地区经济增长（Delacroix，1977；Davis，1995）。基于此，本书尝试从财政学以及产业关联的角度来解释资源价格波动对地方经济增长的影响。

自然资源是国家、地区财富的重要来源之一，资源收入如何影响地方财政收支行为、产业发展对于理解资源型地区的经济发展有着重要的启示。关于自然资源与经济增长之间的关系一直是当前学术界关注的热点话题，本书认为有必要进一步研究中国背景下资源丰裕对经济增长的影响，理由有以下两个方面。一方面，关于"资源诅咒"命题是否存在，不同的学者有不同的看法。萨克斯和沃纳（1995）最早对这一命题进行了研究，认为"资源诅咒"是一个铁定的事实，随后很多学者也得到了相似的结论，而且发现"点资源"比"散资源"的诅咒效应更加严重和普遍，特别是石油、天然气、煤炭等矿物。然而许多学者认为资源不一定带来"诅咒"，甚至可能是"福音"（Berument and Ceylan，2007；Brunnschweiler，2008；Alexeev and Conrad；2009）。由于每个国家的制度和文化存在差异，基于不同国家的数据得到的研究结论不一样。因此，本书基于中国特殊的国情背景，使用更加微观的数据来检验资源价格波动与经济增长之间的关系，有重要的现实意义。另一方面，本书从财政学的角度为资源丰裕与经济增长之间的关系提供了实证方面的证据，为理解资源丰裕地区发展提供了相关证据。

1.1.2　现实背景及意义

1. 中国矿产资源禀赋现状

从资源总量看，中国是一个资源大国，品种丰富，已发现矿产资源171种，其中已查明储量矿物158种，总量约占世界的12%，仅次于美国和俄罗斯，居世界第三位。其中，中国石油储量占全球的1.1%，排名第14位，天然气储量排名世界第11位，煤炭储量排名世界第三位，占全球储量的12.8%。① 但我国自然资源的区位分布不均，部分地区资源较为富集，而一些地区资源较为匮乏。中国煤炭资源呈"北富南贫，西多东少"的分布特征，石油和天然气也呈现"北多南少"的分布特征，其他金属矿物分布则相对分散。据勘察，西北地区富含有煤炭、镍、油气、铅、锌、铜、钾盐、金等主要矿产，其中石油主要分布在鄂尔多斯盆地、柴达木盆地、吐哈盆地、塔里木盆地及准格尔盆地，储量为35.31亿吨，占全国陆上总储量约19.1%；煤炭主要分布在内蒙古、宁夏、陕西和新疆，其储量占全国总量的76%左右；天然气主要分布在塔里木盆地和鄂尔多斯盆地，其储量约为11093亿立方米，占全国陆上总储量的35.6%，我国的钾盐储量约有97%集中在青海省（吾满江·艾力，2013）。另外，甘肃还集中了全国57%的铂储量和近62%的镍。②

---

① 资料来源：周吉川，我国资源的基本状况，中国政府网，https：//www.gov.cn/govweb/ztzl/2005–12/29/content_141069.htm#tdsub；毋毅文.中国石油能源安全的现状分析［J］.山西农经，2016（10）：123.

② 资料来源：吾满江·艾力，姚亚明，张俊敏.中国西北五省（区）暨内蒙古西部能源与矿产资源远景、分布及现状［M］.西安：陕西科学技术出版社，2013；毋毅文.中国石油能源安全的现状分析［J］.山西农经，2016（10）：123；余斌，曹连喜，李源泉.采矿工程中长锚索护顶技术试验研究（上）［J］.矿业快报，2000（14）：1–3.

2. 资源型地区面临经济转型

中国的资源型地区随着国际资源产品价格持续低迷，面临的主要问题包括经济增长缓慢、财税收入锐减、生态环境破坏严重、地方政府负债率高等。中国的资源型地区整体面临内生动力不足，产业链条相对单一。当受到国际石油、煤炭等能源价格持续下滑的大幅冲击，资源型地区的财政收入也出现了下跌。以安徽省淮南市为例，淮南市长期以来一直依赖于煤矿、煤电产业，是典型的以煤炭资源为主导产业的地区，财税收入结构单一。伴随2013 年国际石油、煤炭价格的下跌，淮南的经济发展受到了极大的冲击，2014 年淮南市的财政收入直接由 2013 年的 170 多亿元降至 120 多亿元，直接减少 50 多亿元。[1] 加之自身财力不足，投、融资机制不活，再融资困难等因素，直接制约了当地经济的发展。再比如鹤岗市是黑龙江四大煤城之一，是东北重要的老工业基地，长期以来高度依赖煤炭资源，随着资源衰竭，经济增长陷入低迷期。经济下滑直接导致地方财政收支不平衡，让鹤岗市高度依赖中央财政转移支付，2021 年因财力不足以偿付到期政府债务本息，政府实施了财政重整计划。其次，矿产资源也会通过影响官员的决策，进而影响地方政府财政支出效率，并进一步影响地区经济发展，例如资源开采红利容易引发腐败问题。[2] 很多资源型地区受到上述相同因素的影响，纷纷陷入了"资源诅咒"困境。

加快资源型经济区域特别是资源枯竭型经济区域的转型，改变其单一的产业结构，实现产业结构优化，提高资源型地区经济发展的内生动力，加强地方政府资金使用效率以及完善制度管理，提高抵御国际能源价格波动的风险，是当前中国资源丰裕地区亟待研究的重大课题，也是本书所要研究的重点问题。

---

① 资料来源：淮南市 2014 年财政工作总结和 2015 年工作思路，来自淮南市人民政府网信息公开相关栏目。www. huainan. gov. cn/4971315/12702792. html.

② 腐败问题主要体现在两个方面：一方面，矿产资源开采过程中由于行政权力介入深，企业和官员寻租空间大；另一方面，缺少有效的监管和健全的制度制约。像山西、河南、甘肃、内蒙古等矿产资源富集的省区资源性收入使用效率低下，暴露出许多贪污腐败的案例。

中国经济经过 30 多年的高速发展，正步入中高速增长和结构不断优化的新常态，在新的发展阶段下思考资源型地区以及资源枯竭地区转型的问题更为迫切。资源型地区该如何跨越资源的比较优势陷阱，如何实现产业结构转型升级？这些问题，不仅需从产业发展的角度去分析，还需从根源上解决"资源优势陷阱"难题，需要从源头上反思地方政府面对资源繁荣该如何发展经济、怎么做能为当地居民带来更多的益处，并由此指导其他资源型地区的发展。另外，研究资源收入对于地方政府财政收支行为以及地区产业发展的影响对于理解中国过去若干年资源丰裕地区政府治理有着重要的启发作用。

1.2　研究内容与方法

1.2.1　研究内容与框架

中国当前面临资源型地区经济亟须转型的问题，在此背景之下，本书主要研究了资源丰裕对地方政府收支、公共品提供以及经济增长的影响，试图从财政和产业关联的视角来理解资源型地区经济发展的逻辑。本书内容总共分为 7 章。

第 1 章为导论部分。主要介绍了本书的选题背景及研究内容及框架、研究方法。这部分主要是对自然资源、财政收支与经济增长这一研究的意义进行了阐述，在此基础上，结合中国实情，提出本书的研究内容、研究方法。

第 2 章为文献综述及评论。这部分主要对国内外有关自然资源与经济增长之间的关系的文献进行了系统梳理，对"资源诅咒"以及"资源福音"背后的逻辑机制进行了归纳总结，在此基础上，对后续的研究进行了展望。

第 3 章对相关概念进行了界定并对现有的关于自然资源如何影响地方政府财政收支、公共品提供、经济增长等相关的理论进行了梳理，对自然资源的范围进行了界定，对矿产资源的分类进行了介绍，对财政收支的范围进行了定义。对中国矿产资源定价机制以及税收机制进行了归纳和总结，对现有理论进行了阐述，包括"资源诅咒"理论、财政支出效率、产业关联等。

　　第 4 章研究了资源繁荣对财政收入的影响。本章设计了矿产资源价格波动对不同财政收入来源的计量模型，说明了变量选择的依据，在实证分析中，对矿产资源价格与地方财政收入、非税收入、转移支付、税收分成之间的关系依次进行了实证检验，并且将样本分成东、中、西分组进行了异质性检验。发现矿产资源价格上涨会显著提升地方政府的财政收入，非税收入和转移支付会显著增加，但是增值税分成比例会下降。并结合资源型城市鄂尔多斯分析了其财政收入与资源价格变动之间的关系。

　　第 5 章探讨了资源繁荣对财政支出的影响。本章基于中国县市财政数据和中国工业企业数据研究了矿产资源价格波动对于政府公共支出的影响，研究发现资源价格波动会使得基础设施建设支出和行政支出大幅度增加，而教育支出增加幅度较小。根据各项财政支出占比推算的理论值表明，资源丰裕的地方政府更加偏向于基础设施建设支出，而对民生性支出尤其是教育支出不足。进一步地，本章发现采矿业繁荣导致财政供养人数显著膨胀、财政资金违规使用程度增加，导致财政资金使用效率低下，从而未能转化为有效的公共品供给。本章的结论表明，采矿业繁荣恶化了地方政府的财政回应性，因此，要提升资源型地区的居民福利和经济发展水平，应该重点加强资源型地区财政资金使用的监督约束机制，提高财政资金使用效率。

　　第 6 章实证检验了资源禀赋对地区创新的影响。本章的实证结果显示，资源丰裕对地区创新水平存在"资源诅咒"现象。进一步的机制分析发现，资源丰裕程度越高将越扭曲地区人力资本配置、挤出科技支出、降低财政支出效率及地区多样化水平，进而对地区创新水平产生一定程度的抑制作用。基于此，资源型地区应合理配置资源，促进关联产业的发展，构建多元化产业体系，推动资源型地区实现创新驱动发展。

　　第 7 章实证检验了资源禀赋对地区经济增长以及制造业的影响。本章的实证结果显示，一个地区的采矿业繁荣确实提高了当地的工资水平，但是劳动力成本的上升并没有对制造业产生"荷兰病"理论所预期的挤出效应，反而提升了当地制造业总产值和全要素生产率。本章进一步发现，由于采矿业繁荣促进了当地制造业的发展，当地 GDP 总量也得以增长。即在资源价格处于上升期时，资源型地区的 GDP 具有更快的增长。因此，从中短期看，资源型地区并未产生明显的"资源诅咒"现象。

第 8 章是本书的结论与政策建议。结合前 7 章的研究内容，本章从财政收入、财政支出以及财政制度等方面提出了促进资源型地区转型发展的政策建议。

本书研究框架见图 1 – 1。

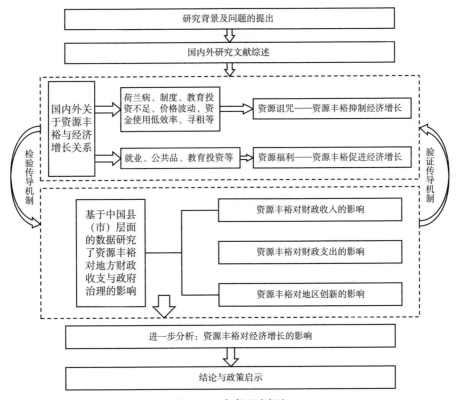

图 1 – 1　本书研究框架

1.2.2　研究方法

1. 理论推演法

本书从财政学的角度分析了资源丰裕对地方财政收入、支出结构、公共品提供、地区创新等方面的影响，并从产业关联的角度来检验资源丰裕对地区产业发展的影响，为打开资源型地区经济发展黑箱提供了新的视角。

2. 定性与定量分析方法相结合

本书结合宏观经济层面数据与微观企业数据，首先对变量之间的关系进行了定性分析，在此基础上使用微观计量方法对变量之间的关系进行实证检验。

计量分析方法。（1）使用县级层面的面板数据，并控制了时间和县层面的固定效应，来控制更多不可观测因素带来的影响。（2）分别使用了最小二乘估计方法（OLS）和两阶段最小二乘法（2SLS）对变量进行了估计，可以更好地验证资源丰裕与政府收支以及经济增长之间的关系。

3. 案例分析方法

为了便于直观地理解现状，本书使用典型的资源型城市作为代表进行深入剖析，进一步佐证实证分析得到的相关结论。

第 2 章 文献综述及评论

自然资源在经济发展中扮演着非常重要的角色，是国民经济持续健康发展的重要支撑。数据显示，在 2003～2008 年，我国山西省的自然资源对 GDP 的平均贡献率达 40%。① 然而，自然资源是"诅咒"还是"福音"，不同学者持不同的看法。根据要素比较优势理论，自然资源禀赋越高的地区势必拥有得天独厚的资源优势来发展本地经济，从而可提高当地就业和收入水平。然而很多研究表明丰裕的自然资源非但没有成为有利条件，反而成了阻碍经济和社会发展的障碍，造成了"资源诅咒"现象（Sachs and Warner，1995；Tornell and Lane，1999；Sala-i-Martin and Subramanian，2013）。一部分学者则反对"资源诅咒"假说，认为资源丰裕不是"诅咒"，甚至可能是一种"福音"（Aragon and Rud，2013；Feyrer and Mansur，2017；Allcott and Keniston，2018）。

党的十九大报告提出"支持资源型地区经济转型发展"，然而目前，中国资源型城市中有近一半面临着严重的转型问题（王勋和纪文铮，2021），大多数自然资源型地区仍面临贪污腐败严重、产业升级困难、资源利用效率低下、经济增长缓慢等问题。其中我国的资源大省山西省在 2017 年审计违规金额占财政收入比重达到 13.59%，② 2012～2020 年 GDP 年均增长速度仅为 5.27%，低于全国平均水平 8.48%，采矿业增加值占第二产业增加值平

---

① 贡献率（%）= 采矿业贡献量（增量或增长程度）/GDP（总增量或增长程度）×100%。
② 根据相关省份审计统计年鉴披露信息计算得到。

均比重高达41%。这显然不符合党的十九大报告提出的资源型地区经济发展要求。资源型地区经济转型的目标是根据地区经济发展特点实现发展质量的变革、效率变革以及动力变革,最终实现可持续发展。因此深入研究资源型地区经济发展的逻辑并有针对性地提出对策建议,对于资源型地区经济的高质量发展具有重大的现实意义和理论价值。

国内关于中国自然资源与经济增长的研究起步较晚,研究结果也存在分歧,大部分学者认为资源禀赋与经济增长之间呈负相关关系(徐康宁和王剑,2006;邵帅和齐中英,2008;李江龙和徐斌,2018),其中"荷兰病"是主要原因之一。但是,也有研究表明"资源诅咒"在中国不存在(丁菊红等,2007;方颖等,2011)。从已有文献来看,目前,国内学者主要从宏观层面定性探讨了资源型地区经济增长的机制,需要我们进一步探索资源丰裕对地区经济增长的深层机制。

为此,本章梳理了近半个世纪以来国内外学者关于自然资源与地区经济增长的相关文献,着重分析"资源诅咒"以及"资源福音"背后的机制。文献梳理发现,"诅咒"的主要机制包括开采行为的扭曲效应、资源租金配置扭曲效应以及挤出效应。"福音"的机制主要包括资源收入管理越来越透明、公共服务改善、产业结构优化。已有的文献研究表明资源型地区经济发展的逻辑得到了学术界的重视,但鲜有研究全面且系统地梳理了资源带来"诅咒"或"福音"的经济效应,本章尝试在这一方面做出突破,以期为实现我国资源型地区经济转型、提升资源型地区居民福利提供借鉴和指导,帮助国内学者了解这一领域的最新发展状况和脉络,为国内学者研究本土自然资源与经济发展问题提供有益的思路。

2.1　资源诅咒及机制分析

根据《辞海》中的定义,自然资源指包括土地、矿藏、水利、生物、气候、海洋等天然存在的自然物,但现有研究者大多将自然资源限定为矿产和能源,本章关注的是后一种定义。自然资源和劳动以及资本一样都属于生产要素，对于经济增长均有正向的边际贡献，是经济持续发展的重要动力。然而也有很多研究表明，丰裕的自然资源非但没有成为促进区域经济和社会发展的有利条件，反而成了阻碍其发展的障碍。

萨克斯和沃纳（Sachs and Warner，1995）发表的一篇开创性论文证明了资源丰裕与经济增长之间确实存在显著的负相关关系，并且在控制住其他可能的协变量后，负向关系依旧存在，这一现象被称为"资源诅咒"。这一研究无疑对新古典经济理论提出了挑战——即自然资源并没有像理论预测那样推动经济增长。随后的一系列经验文献从不同角度证实了"诅咒"的存在，这些文献发现自然资源不仅对经济是一种诅咒，同时在暴力冲突、不平等和腐败等方面也是一种诅咒（Haggerty et al.，2014）。进一步梳理相关文献后发现，自然资源主要从三个方面威胁资源型地区经济增长：开采行为的扭曲效应、资源租金的错配效应以及挤出效应。值得强调的是，自然资源的有效开发和利用是资源型地区经济实现可持续的重要保证，而非资源部门特别是制造业部门在推动地区整体生产率进步上占据关键地位（Baumol，1967；Herrendorf et al.，2014；McMillan and Rodrik，2011），是资源型地区经济增长的重要驱动力。而资源型地区经济可持续发展要求破解上述三方面带来的"诅咒"，为了找到有效的对策建议，有必要深入分析资源丰裕带来"诅咒"的主要机制。

2.1.1　开采行为的扭曲效应

利用自然资源发展经济的先决条件是发现自然资源，由于资源的开采过程相对复杂，许多资源禀赋高的发展中国家，自然资源仍未能得到充分开采和利用（Venables，2016）。一方面，自然资源价格波动幅度较大，故资源开采存在较大的投资风险，资源所属地的经济、制度环境也会影响投资者的投资决策（Bohn and Deacon，2000）。例如，卡斯特和哈丁（Cust and Harding，2020）研究发现地区制度质量决定了勘探公司投资钻探的动机，较低的制度质量将使钻井数量减半。另一方面，由于矿山地处偏远的山区，落后的基础设施会增加开采成本，一些贵重的矿产还可能存在治安风险。以上两方面的因素均会进一步增加投资者的风险和投资成本，进而使得投资者望而却步，资源得不到有效开采和利用。

由于自然资源具有有限性和不可再生性，对资源的不合理开采，会对资源型地区经济产生不利影响。一方面，资源产权界定不明晰是造成资源不合理开采的重要原因之一。以我国为例，资源管理采取中央—地方—部门的层层委托管理方式，这一过程涉及多方利益主体，常常会因中央和地方目标不同形成利益分割，也会因资源产权界定不清发生利益冲突（董江爱和徐朝卫，2015），由此导致资源开采效率低下。且由于勘探权和开采权的获得往往是不透明的，这容易引发腐败行为（聂辉华和蒋敏杰，2011），最终导致政府不能找到最优的投资者。另一方面，政府失灵导致的激励扭曲是造成资源不合理开采的另一个重要原因。资源型地区的地方政府面对巨大的资源利润，在追求本地区可支配财政收入最大化的激励下，往往会采取竭泽而渔的方式，对矿产进行大肆开采，造成生态环境的极大破坏。在这种激励模式下，采矿企业也为了以最快速度获取最大的回报，优先开采易采和价值高的优质资源，很少考虑资源回采率的高低，导致矿产资源浪费严重。根据山西省国土部门的估算，截至2015年，过度开采煤矿导致的生态环境损失至少达850亿元。[①]

综上所述，相关研究指出了资源开采行为扭曲带来的主要危害，并且这种危害对资源型地区是长期性和永久性的。鉴于此，本章提出了以下建议。第一，要提高自然资源审批流程的公开透明度，伯索尔和苏布拉曼尼亚（Birdsall and Subramanian，2004）也强调国际社会应制定综合政策以建立透明度和管理标准。第二，进一步促进资源产权变革，如延长民营企业开采年限，提高资源回采率和使用效率。第三，建立资源开发补偿机制，明确矿区生态损害与恢复治理责任，实行"谁破坏、谁治理"原则。

2.1.2 资源租金的错配效应

资源型地区矿产资源开发的增加值是 GDP 的主要来源，资源型地区政

---

① 资料来源：http：//www.qlong.org/news/news.aspx？markId = 24707。

府的财政收入主要来源于资源收入。理论上，随着资源收入的增加，如果政府是为本地居民福利最大化负责的，政府应该将资源租金投资于其他形式的资本，为经济可持续发展奠定基础。例如，首先，地方政府可以提高公共储蓄以及投资规模，为地区持续发展提供保障；其次，地方政府可以增加公共品投资，提供更多的基础设施以及教育等公共品，来推动资源型地区经济的发展；最后，地方政府可以通过减税或提供补贴等方式支持非资源部门发展。然而，研究表明现实中大多数资源丰富地区并没有通过上述路径将资源优势转变为经济发展优势，存在资源租金错配问题。

资源丰裕导致的资源租金错配问题主要体现为两个方面。一方面是由于地方政府层面导致的资金配置的扭曲，包括抑制了地区投资和储蓄、削弱了政府政策的有效性、降低了财政回应性等。另一方面是由于相关利益主体导致的资金配置扭曲，包括官员为了谋求自身利益对资源租金的滥用以及相关利益者之间的利益争夺导致资源配置扭曲。

1. 政府层面导致的资源配置扭曲

第一，自然资源丰裕抑制了地区储蓄和投资。自然资源提供了持续性的财富来源，这降低了资源丰裕地区的储蓄率[①]（Papyrakis and Gerlagh，2004）。与此同时，在自然资源繁荣时期，资源租金的增加也会导致生产要素从制造业向资源部门转移。由于制造业通常具有规模报酬递增以及正外部性的特征，故制造业规模的减少也会降低其他部门的生产率和盈利能力，从而进一步加速投资的减小（Sachs and Warner，1995，1999；Gylfason，2000）。阿特金森和汉密尔顿（Atkinson and Hamilton，2003）以及贝斯利和佩尔松（Besley and Persson，2008）的研究均发现资源丰裕地区投资不足。巴塔查里亚和科利尔（Bhattacharyya and Collier，2014）利用跨国数据表明，特别是在制度薄弱的国家，更高的资源租金实际上与更低的公共资本存量密切相关。而一些资源型地区政府试图将资源收入投资于其他形式的资本时，

[①] 迪茨等（Dietz et al.，2007）研究发现随着腐败的减少，资源丰裕对实际储蓄的负面影响会减小。

其结果往往是投资效率低下（Velasco，2000；Tornell and Lane，1999）。D. 诺里斯等（Dabla-Norris et al.，2012）的研究发现，在国际货币基金组织公布的公共投资管理效率指数名单中，资源丰富的国家均表现不佳。

第二，资源繁荣还可能造成一种"虚假的安全感"，削弱政府政策的有效性。一方面，这表现为"食利国"现象，地方官员会将大部分的资源收入用来维持现有状况而忽视投资，导致地方政府无法建立有效的发展策略，该现象被称为食资源之利①（Ross，1999）。另一方面，资源繁荣会导致预算软约束问题，进而使地方公共债务水平不断增加。由于地方政府预期资源收入源源不断增加，那么政府进行财政支出时就可能会变得不负责任。此外，资源收入增多也意味着地方政府抵押品的增加，降低了政府借贷的风险，从而也会使地方政府债务增多。例如，曼苏里（Mansoorian，1991）以及曼萨诺和里戈邦（Mansano and Rigobon，2001）的研究发现资源丰裕地区在国际资源价格上升时，会倾向于过度借贷。努尔丁（Nooruddin，2008）发现国家石油财富的变化与国家外债的变化显著正相关。由此导致的地方债务增加还会受到地方官员任期的调节作用，任期越短，债务会增加更多（Raveh and Tsur，2020）。然而，当资源收入不能像预期一样增加时，地方政府就将面临财政危机。由于财政支出具有一定的黏性，政府无法及时调整现有的支出习惯，政府就需要通过进一步举债来缓解危机，长期必然会对地区经济发展产生不良影响。

第三，资源丰裕降低了地方政府的财政回应性，且不能明显改善地方政府公共品提供。蒙蒂罗和费拉兹（Monteiro and Ferraz，2010）使用巴西数据发现石油开采使地方政府雇员人数显著增加，但是基建、教育以及医疗等公共品投资没有明显增长。卡塞利和迈克尔斯（Caselli and Michaels，2013）基于巴西的数据也发现，尽管石油开采显著提高了地方政府基础设施、社会

---

① 食利国的概念最早由马赫达利尼夫卡（Mahdavy，1970）提出，认为当地方政府大部分收入来自资源租金或者外国援助时，地方政府不需要通过征税来获得收入，从而地方官员对其管理的政府变得不负责任（"devote the greater part of their resources to jealously guarding the status quo instead of promoting development"）。Mahdavy H，1970，"The Patterns and Problems of Economic Developmeng in Rentier States：The Case of Iran，" in M A Cook et al.，Studies in Economic History of the Middle East（London：Oxford University Press）。

保障等方面的支出，但从最终提供的公共品上看，地方民众并没有感受到公共服务的改善，财政资金很大一部分被腐败行为消耗了。萨拉伊马丁和苏布拉马尼安（Sala-I-Martin and Subramanian，2013）基于尼日利亚的案例研究也表明资源丰裕对公共品改善没有明显作用。博奇等（Borge et al.，2015）发现即使在制度较为完善的挪威，自然资源禀赋也显著降低了地方财政支出效率。马丁内斯（Martinez，2017）基于哥伦比亚的研究发现普通税收收入的增加提升了地方公共品供给，而资源性财政收入并没有提升地方政府在公共品上的供给。

第四，资源丰裕的地方政府会通过税收或补贴方式向非资源部门进行福利转移，造成了资源效率的损失，影响经济增长。一方面，资源收入的增加会降低地方政府的征税努力程度（James，2015），挤出非资源性税收收入（Cust and Poelhekke，2015；Chen，2022），进而有可能降低总的税收收入水平。如伯恩霍斯特等（Bornhorst et al.，2009）的研究发现政府资源收入占GDP的比重每增加1%，税收收入占GDP的平均份额就会降低0.2个百分点。在基于中国数据的研究中，邓明和魏后凯（2016）的研究指出自然资源禀赋抑制了中国地方政府的征税强度，而税收努力程度下降对地方财政可持续性造成极大压力，也影响着经济的稳定增长。另一方面，资源丰裕地区的政府会通过效率极低的补贴机制进行福利转移，挤占了其他公共支出。2003~2008年，国际能源价格一路攀升，导致企业生产成本和消费价格快速上涨，然而，许多发展中国家不愿将价格上涨完全转嫁给国内消费者，而是通过燃油补贴降低消费者的压力。然而，燃油补贴带来了效率损失，挤占了优先级较高的公共支出，降低了能源效率提升的激励作用（Coady et al.，2010）。

2. 相关利益者导致的资源配置扭曲

第一，当一个地方政府制度薄弱时，资源租金会诱发官员的寻租和腐败（Tornell and Lane，1999；Sala-i-Martin and Subramanian，2013；Ross，2001），将进一步降低投资水平，恶化资金的使用效率。官员腐败主要体现在资源租金被用于政治目的：在位的政客要么通过资源收入来收买特定利益集团（通常是无益的"白象"① 投资），来巩固自己的执政地位（Robinson et al.，2006；Ross，2015）；要么将更多的财政支出用于打压反对者。不论上述哪种方式都极大地扭曲了公共支出，使之有利于特定的执政党团体。这种扭曲，还可能具有跨时期特征，即当前政府官员为获得更多选票投入大量资金，而将较少的资本（或过高的债务）留给下一届政府（Alesina and Tabellini，1990；Alesina and Drazen，1991）。较差的制度质量导致资源租金效率低下，反过来资源租金越高会使得地方制度质量变得更差（Chaudhry，1989；Sachs，2003）。托尔维克（Torvik，2001）和默希德（Murshed，2004）通过构建一个规模收益递减和寻租行为的静态模型，研究得出资源部门的寻租行为往往会在一个地区内扩散到其他产业的经营上，从而降低这一地区的行政效率并损害政府形象（Lane and Tornell，1996）。造成官员寻租和腐败的原因很大程度上在于公众对资源收入的实际规模知之甚少。国外的一项调查表明，58%的被访者并不清楚什么是采矿特许权使用费，而知道采矿特许权使用费的被访者中56%的人不清楚这些钱是如何使用的，除非当地媒体或政府官员公布资源收入的相关信息（Monteiro and Ferraz，2010）。这种信息不对称容易引起资源型地区的道德风险问题，使得地方官员有更多的腐败机会，造成财政资金的滥用。这意味建立有效的监督机制很重要，因为其减少了寻租行为，有利于提高资金使用效率以及政府公信力。

第二，资源丰裕还可能加剧地区冲突。资源越丰裕，通过叛乱获得的"战利品"更丰盛，从而增强了叛乱的动机（Berman et al.，2017）。科利尔和赫夫勒（Collier and Hoeffler，2005）认为自然资源禀赋对非洲国家国内冲突有显著的影响且两者呈正相关关系，自然资源缺乏的国家爆发冲突的概率为0.5%，而自然资源产品产值占GDP比重超过26%的国家，爆发冲突的概率上升到23%或以上。费伦（Fearon，2005）研究证明自然资源收益的增加会导致政权弱小国家内部武装冲突更加频繁。贝斯利和佩尔松（2008）、杜布和瓦尔加斯（Dube and Vargas，2013）以及巴齐和布拉特曼（Bazzi and

---

① 特指昂贵无用、华而不实的政府工程项目。在西方国家，一届政府当选后，为取悦选民和回报政治献金公司（后者更为重要）而由政府出资动用纳税人钱财开建的工程，大多代价昂贵而用处不大，类似于"形象工程"。

Blattman，2014）的研究均发现，当自然资源价格上涨时，冲突的概率会显著增加。地区冲突的爆发同样也会降低资源管理的有效性。

以上两大方面导致的资源型地区资源租金错配效应将对地区发展产生严重的不良影响。而这背后的原因主要在于政府治理的薄弱，且资源丰裕导致政府治理的进一步恶化，形成恶性循环，地方官员在追求个人利益最大化的同时也会导致资源租金的配置扭曲。故提升资源型地区政府资源收入的使用效率需要加强政府的治理水平。此外，要加强对资源收入的管理，一些资源丰富的国家（如智利、博茨瓦纳等）通过设立基金来管理资源收入，并取得了不错的效果。

2.1.3　资源部门的挤出效应

1."荷兰病"效应

已有的研究认为造成"资源诅咒"的重要机制是"荷兰病"——制造业部门被挤出。"荷兰病"（Dutch Disease）经典模型认为采矿业对制造业产生挤出效应主要有两种作用机制：第一，在开放经济条件下，资源部门出口的大幅增加导致本币升值，本币升值导致制造业产品的国际竞争力下降，从而导致出口受挫，制造业部门的产出萎缩（Corden and Neary，1982），这可以解释为国家整体层面出现的"资源诅咒"；第二，在一国国内的不同地区间，一个地区的采矿业繁荣导致本地劳动力需求的增加，如果劳动力的跨地区流动存在摩擦，本地工资会上升，进而会对本地制造业产生挤出效应（Sachs and Warner，2001）。松山（Matsuyama，1992）与萨克斯和沃纳（1995）对"荷兰病"模型进行了扩展，引入了非新古典假设，建立了动态的"荷兰病"内生增长模型，认为资源繁荣挤出制造业部门劳动力的同时，削弱了制造业部门的"干中学"效应和溢出效应。[①] 由于制造业部门对其他行业具有正外部效应[②]（Greenstone et al.，2010；Kline and Moretti，2014），

---

① 制造业的"干中学"效应与劳动力数量存在正相关关系。
② 特别是制造业集聚带来规模经济效应、劳动力共享、中间投入品规模经济、信息扩散效应。

因此挤出效应也将导致整体生产率的下降，进而抑制长期的经济增长（Matsuyama，1992；Stijns，2005；Ismail，2010；Arezki and Ismail，2013）。除此之外，采矿业的繁荣还可能使得邻近地区的营商环境变差（比如交通情况变差），从而对其他部门产生负面影响（De Haas and Poelhekke，2019）。鉴于此，一方面，地方政府有必要通过采取适宜的政策（如加大税收优惠力度以及贷款力度）来缓解因资源丰裕导致的制造业劳动力成本上升问题，防止"成本病"拖累制造业发展。另一方面，政府需要完善基础设施等硬件和优化营商环境等软件建设，吸引更多的企业向资源型地区集聚，形成企业和产业集群，发挥集聚的规模效应和技术外溢效应。

2. 降低了地区产业多样性

资源丰裕导致大部分劳动力进入与资源有关的部门，使得产业多样化程度降低（Torvik，2002），而产业多样性是地区持续经济增长的必要条件。① 目前资源型地区普遍呈产业结构单一、产业链条短，对资源产业依赖程度较高的现状。对于我国来说，产业结构升级以及可持续发展已经成为资源型地区经济转型的重要方向，这就要求地方政府在主导资源产业发展的同时，延伸产业链，带动关联产业共同发展。国家和地方政府应在配套政策和资金上给予支持，增强对关联产业的拉力，为资源型地区培育新的经济动力创造条件。

上述内容系统梳理了自然资源导致"诅咒"的主要原因，在于资源收入管理不透明、监管不到位。因此，只有提高采掘业信息透明度且充分发挥公众监督作用，自然资源才能得到有效利用，资源型地区的可持续发展才有可能实现。故加强体制建设以增进资源丰富地区的透明度变得非常重要。近年来，各个资源国家就资源收入管理的做法达成了一致意见，并支持了在2002年9月国际开发部发布的《采掘行业透明度行动计划》（EITI），此计划已有超过48个国家参与。与此同时，许多资源国家为推动政府公共治理、抵制

---

① 多样性水平的提高有利于激发更多的创新活动，提高了生产效率，最终促进经济增长。

腐败而推出了《财政透明度守则》①。

2.2　资源非诅咒及理论解释

尽管诸多文献证实了"资源诅咒"现象的存在，但是后续的一些研究者提出了相反的观点，认为资源丰裕不是"诅咒"，甚至可能是一种"福音"（Fasano，2002；Acemoglu et al.，2003）。

一些研究从方法以及实证数据上对早期的文献提出了质疑。一方面，内生性问题没有得到很好解决，导致研究结论并非完全一致。如萨克斯和沃纳（1995）使用自然资源出口额与 GDP 的比重衡量自然资源的丰裕程度，也有学者使用主要产品（农产品、矿物以及能源）的出口占 GDP 的比重（Arezki and Van der Ploeg，2011；Boschini et al.，2013）、或使用资源的租金收益占 GDP 的比重来衡量自然资源的丰裕程度（Collier and Hoeffler，2005；Boos and Holm-Müller，2013；Bhattacharyya and Hodler，2014）。上述指标的共同点在于，其更多反映的是资源的依赖程度，会使资源丰富程度相同但 GDP 越小的地区计算得到的资源丰裕程度越高。在这种计算方法下，资源丰富地区会包括世界上资源最富有和经济最贫穷的地区，而经济富裕国家可能被认为是资源贫乏的地区（Wright et al.，2007；Torvik，2009）。国内有些研究使用地区采掘业固定资产投资占固定资产投资总额比重（徐康宁与王剑，2006；胡援成与肖德勇，2007）或能源工业产值占工业总产值比重（邵帅与齐中英，2008）作为衡量指标，这些指标同样更多反映的是资源依赖度，不能准确反映地区的资源丰裕程度。与以上研究不同，一些学者使用人均概念衡量资源丰裕时，并未发现"资源诅咒"现象。例如，方颖等（2011）使用中国城市层面的数据，利用地区采矿业人数与户籍人口比重衡量自然资源丰裕程度，发现并不存在"资源诅咒"和"资源福音"现象。另一方面，早期的研究中使用的数据更多是跨国别的数据，容易受到样本容量、数据期

---

① 国际货币基金组织．财政透明度手册 2007，http：//www. imf. org/external/index. htm。

限长短以及其他协变量的影响，例如跨国别的数据很难控制不同国家制度或者政策变化等内生性因素带来的影响（van der Ploeg，2011；James，2015）。

随着资源收入管理的不断完善，一些国家实施了审慎和透明化的管理做法（包括博茨瓦纳、智利、挪威和加拿大），规避了"资源诅咒"的发生。科利尔和赫夫勒（Collier and Hoeffler，2004）通过探讨透明度对阻止内战的影响，发现透明度带来了大量的净收益。阿曼德等（Armand et al.，2020）研究发现向公众公开自然资源开采的相关信息以及审议结果会增加民众动员和问责行为，并减少暴力且能有效抵消资源带来的政治诅咒效应。在此基础上，资源丰裕还可以通过多种机制对经济增长产生正向影响。

2.2.1 改善公共服务，促进产业的集聚

资源丰裕给当地政府带来了充裕的财政收入，为改善地方公共服务（比如更完善的基础设施、更多的教育投资等）提供了资金支持（Acemoglu et al.，2001；Michaels，2011）。丰裕的资源收入可以为地方政府提供更多生产性公共品和民生性公共品，生产性公共品的改善直接有利于地区经济增长，而民生性公共品的提供有利于提升居民福利、吸引更多人口流入。这使得资源型地区人口密度增加，城市化率提高，而城市化进程的推进又将带来人口和产业的集聚效应，提高地区的生产效率（Michaels，2011；Cavalcanti et al.，2019）。

2.2.2 采矿业通过上下游产业关联带动其他产业的发展

首先，产业关联理论认为产业关联包括前向关联、后向关联以及旁侧关联[①]，因此，采矿业可以通过这些关联推动相关产业的发展，从而产生经济增长的乘数效应。与此同时，资源部门劳动力工资上升，吸引更多劳动力流

---

① 旁侧关联，指通过主导产业影响当地经济发展，引起当地基础设施的完善、人力资本水平提升等来使周围一些产业受益。

入，形成密集的劳动力市场，与矿业部门有着类似劳动力需求的行业可以从密集的劳动力市场中获益。[①] 其次，根据新经济地理学理论，资源产业的发展会吸引其上下游产业的集聚，产业的空间集聚节省了交易成本，有助于规模经济的产生，进而促进经济增长。[②] 如费雷尔等（Feyrer et al.，2017）利用美国数据，发现资源开采对关联行业有正向溢出作用，采矿业给当地带来的收益要高于采掘成本，资源并非"诅咒"而是"福音"。奥尔科特和凯尼斯顿（Allcott and Keniston，2018）利用 1969～2014 年美国制造业微观数据，研究发现资源的繁荣有助于关联制造业企业的发展而对非关联制造业企业则没有明显影响。

2.2.3　推动服务业的发展

随着资源部门的发展，劳动力需求增加，与此同时，通过劳动力市场的均衡条件提高了当地各部门的劳动力工资（假定短期内劳动力的跨地区流动是不完全的），进而改善当地居民的收入水平（Aragon and Rud，2013）。居民收入的改善会导致消费需求增加，主要是增加对本地不可贸易品（服务业为主）的需求，进而带动第三产业的发展（Cavalcanti et al.，2019）。

上述研究重点探讨了自然资源对本地经济的影响，然而资源繁荣在空间上也会产生溢出效应。其中，阿舍和诺沃萨德（Asher and Novosad，2014）利用印度三次经济普查数据，使用工具变量法，研究发现资源繁荣带来的经济增长效果是广泛的，对距离矿井 50 千米的周边城镇有正向溢出效应。费雷尔等（2017）则利用 2004～2014 年美国的面板数据，使用工具变量法，研究发现资源丰裕对距离资源型地区 100 英里以内的邻近地区的工资收入和企业收入均有显著正向影响。鉴于此，资源型地方政府需要减少地方保护主义，促进与周边地区资源的整合、共享以及合理流动，实现区域间产业联动

---

① 短期内，如果劳动力短期内不充分流动，那么资源丰裕会挤出相似劳动力市场的部门；在中长期，由于劳动力流入资源部门，着有相似劳动力需求的部门将受益于密集的劳动力市场。

② 根据外部性理论，知识溢出具有明显的空间表现，而由于矿山主要位于偏远的山区，所以这个机制相对较弱。故本章没有重点列出这一机制。

发展，实现产业间的互补协作，扩大区域内产业分工，国家和地方政府应该出台相关政策用于提升区域内部配套水平，实现经济和产业一体化发展。

2.3　研究述评

自然资源作为一种重要的生产要素，对于经济增长的重要性不言而喻。然而，中国大多数自然资源型地区仍面临资源利用效率低下、产业升级困难等问题。我国经济正处于高速发展向高质量发展转化的阶段，积极推进资源型地区经济转型是当前亟待解决的问题。本章主要从"资源诅咒"以及"资源福音"两个方面系统梳理了自然资源对经济增长影响的机制。总体而言，造成"资源诅咒"最重要的原因是开采不合理、自然租金存在配置扭曲效应以及挤出效应，根本原因在于资源租金的监管不透明。而实现"资源福音"的关键是对采矿业采取审慎和透明化的管理方法，通过配套的措施促进采掘业关联产业的发展，努力培育新的优势产业。

从研究方法和深度上看，国外研究中关于自然资源对经济增长的识别方法逐渐从宏观转向微观、从单独论证两者之间的关系评估自然资源对经济影响的深层次机制。在研究方法和数据上有了较大突破，首先是方法上越来越注重内生性问题的解决，其次是研究数据上越来越细化。

综上，本书基于微观层面数据，基于财政学视角以及产业关联视角，从"资源诅咒"和"资源福音"两个维度探讨了资源型地区经济发展的内在机制。从方法上，本书使用国际资源价格这一外生冲击变化来构建地区资源收入的代理变量，解决国内现有研究中存在的内生性问题。

第3章 相关概念及理论分析

3.1 概念的界定

3.1.1 自然资源的界定

自然资源也称资源，根据联合国环境规划署的定义，自然资源是指一定时间内能产生经济价值，并能提高人类当前和未来福利的自然环境因素的总称。国外有的经济学词典将其定义为"所有处于原始状态的自然资源，诸如矿藏、森林、草原、海洋、野生动物、空气、阳光等"。总之，自然资源是指所有未经人类加工、处于原始状态的资源，它具备原始性和有用性两个基本特征。自然资源涵盖了土地资源、森林资源、海洋资源、矿产资源、野生动植物资源、气候资源、地热资源以及水资源等。按照自然资源的有限性，可分为有限资源和无限资源两大类。有限资源又可以分为可更新资源和不可更新资源，可更新资源即可再生资源，包括土地资源、水资源、生物资源等，不可更新资源即不可再生资源，这类资源的储量是固定的，被人类开发以后，会逐渐减少甚至枯竭，如各种金属矿物、化石燃料以及非金属矿物等。奥蒂（1993）对自然资源做了一项重要的分类，他把自然资源分为"点资源"和"散资源"，"点资源"指煤炭、石油、天然气等矿产资源，"散资源"指农产品。本章所指的自然资源是"点资源"。为了理解"资源诅咒"，首先需要区分矿产经济活动与其他经济活动，根据已有文献总结，主要的区别有以下两点，第一是有别于其他经济活动，矿产资源不需要生产，只需要开采。由于矿产资源财富不是生产的结果，因此相对独立于其他经济生产活动并且对就业的贡献很小。例如开采石油以及天然气是资本密集度最高的行业，因此，投资相同的资本，矿产行业解决就业人数是较少的（Karl，2007）。第二个区别，矿产资源是不可再生资源，尤其是石油和天然气。

3.1.2　矿产资源分类

根据《矿产资源法实施细则》第 2 条，矿产资源是通过地质作用形成的具有利用价值的自然资源，其形态有多种，包括固态、液态、气态等。矿产资源是重要的自然资源，是社会生产发展的重要物质基础，现代生产和生活中人们都离不开矿产资源。矿产资源具有不可再生性，消耗越多储量越少。目前世界已发现的矿产种类有 1600 多种，其中应用较广的有 80 多种。中国目前已发现的矿物种类有 171 种。

1. 矿产资源分类

根据《中华人民共和国矿产资源法实施细则》中矿产资源分类细目，从管理的实用性分类，矿产资源可以分为能源矿产、金属矿产、非金属矿产、水气矿产四类。目前，中国已发现矿产种类 171 种，资源储量已查明的矿产种类有 159 种，包括 10 种能源矿产、54 种金属矿产、92 种非金属矿产、3 种水气矿产以及其他矿产。按矿产资源特点和用途分类，矿产资源通常分为原料矿产资源和能源矿产资源。能源矿产资源分为化工燃料和核燃料，原料矿产资源又分为金属矿产和非金属矿产。本章所研究的矿产资源主要包括煤炭、石油、天然气、黑色金属（铁矿、其他黑色金属）、有色金属（铜矿、铅矿、锌矿、镍矿、锡矿、锑矿、铝矿以及其他有色金属矿），金矿、银矿、钨矿以及非金属矿。

2. 矿产资源的特征

矿产资源是一种自然资源，具有自然属性，在使用过程中也产生了一定的社会属性，具体属性如下。

（1）自然属性。

耗竭性。也可称为不可再生性，是矿产资源最重要的特征。矿产资源的形成往往需要上亿年的地质成矿作用，其储量在短期内是有限的，不可能再生。随着人们的开采，矿产资源终有一天会被开采完毕，或者虽然没有被实际开采完，但由于开采成本非常高，储量较低，已经丧失了开采的经济价值。

不均匀分布性。矿产资源在全世界的分布很不均匀，这是因为各地的地质构造差异非常大。比如，从已探测的情况看，石油资源在沙漠地区分布较多，尤其是中东地区。矿产资源分布的不均匀性使得各国的矿产资源的储量差异非常大，各国的相对优势资源也存在较大差异。

综合性。由于地质成矿作用非常复杂，一般而言，矿产资源往往不是单一矿种，而是由两种或两种以上的矿共生或伴生形成的复合体。由于伴生矿或共生矿往往也具有较高的经济价值，因此，矿产资源在开采过程中，要兼顾各种矿产，做到综合开发。

隐蔽性。由于矿产资源一般埋藏在地下，仅从地面很难准确判断矿产资源的储存情况，即便是使用现代勘探技术，有时也难以准确地判定储量。因此，矿产资源勘查业和开采业属于高风险行业。

（2）社会属性。

基础性。矿产资源既是工业生产中的基础生产资料，也是居民生活中的基本消费资源，位于整个社会生产流程的初始环节，是最基础的经济生活资料。因此，管理和调控矿产资源是政府管理经济工作的基础组成部分，具有重要意义。

价值构成具有多重性。与其他商品不同，矿产资源的商品价值不仅包括生产成本和利润，还包括安全成本、代际外部成本和内外部成本等，价值构成具有多重性。

收益分配的复杂性。矿产资源开发过程设计多个利益主体，包括所有者、探矿权人、采矿权人、勘探者、开采者等，这些利益主体之间具有复杂的关系，并且都参与矿产资源的收益分配，使得矿产资源的收益分配非常复杂。

负外部性。与其他一般商品不同，矿产资源在开采过程中会对自然环境造成一定程度的破坏。此外，矿产资源总量有限，本代人多开采必然会使得未来人类的可开采量下降，具有明显的代际外部性。这两种外部性都是市场失灵的表现，需要社会采取措施纠正市场失灵，内化外部性成本，提高资源配置效率。

3.1.3 资源收入分类及政府征收标准

资源性收入在财政收入来源中，属于占比大和波动较大的预算外资金收入。自然资源（土地、矿产）像其他生产要素一样，可以通过市场得到经济回报，意味着政府除了获得资源禀赋的税收收入，还可以获得大量来自资源禀赋的收益，为政府推动经济增长提供了可能。矿产资源性收入是资源性地区重要的财政收入来源。在我国大多数煤炭城市，煤炭和电力两项工业产值占据了工业总产值的半壁江山，像攀枝花、铜陵、白银、东川等主要的冶金城市，其矿产品加工业和采掘业占工业总产值的比重超过了50%。[①]

矿产企业需向当地政府缴纳各项税收以及探矿权采矿权使用费、矿产资源补偿费、探矿权采矿权价款以及特别收益金等相关费用。首先，资源性企业需向政府缴纳各项税收，包括企业所得税、增值税、耕地占用税、营业税、关税、资源税、城镇土地使用税，其中企业所得税和增值税的比重最大，资源税占税收的比重很小。我国的资源税制度始建于1984年，当时的征收范围仅限于石油、天然气和煤炭3种资源。1994年，我国进行分税制财政体制改革，规定除海洋石油资源税作为中央收入外，其余资源税作为地方财政收入。资源税也相应进行了调整，征税范围扩大为原油、黑色金属矿原

---

① 资料来源：《中国工业统计年鉴》。

矿、天然气、有色金属矿原矿、煤炭、盐以及其他非金属矿原矿 7 种，按照从量定额税率征收，实施"普遍征收、级差调节"的原则，并根据资源本身的优劣情况以及资源开采环境设置不同的税率。资源税改革促进了资源行业持续健康发展，缓解了经济加快发展和资源日益紧缺的矛盾，也增加了地方财政收入。但是资源税税率偏低，征税范围较窄，为了强化收入功能，2010年 6 月，新疆率先实施了天然气、原油资源税从价计征的改革，并在 2010年 12 月将改革范围扩大到内蒙古、甘肃、宁夏、四川等 12 个西部省份，2011 年 11 月在全国范围进行了推广。自 2014 年 12 月起，煤炭资源税也由从量计征改为从价计征。自 2015 年 5 月起，钨矿、稀土、钼矿资源税也启动了从价计征的改革。

除了上述的各项税收入外，矿产企业需缴纳探矿权采矿权使用费、探矿权采矿权价款、矿产资源补偿费以及特别收益金。

（1）探矿权、采矿权使用费（以下简称"两权使用费"）。根据相关规定，县级以上地质矿产行政主管机关负责征收探矿权、采矿权使用费，收入全部纳入国家预算管理。根据相关规定，探矿权使用费为对探矿权占有的第一至第三个勘查年度，每平方千米每年缴纳 100 元，从第四个勘查年度起，每平方千米每年增加 100 元，但最高不得超过每平方千米每年 500 元；采矿权使用费按照矿区范围的面积逐年缴纳，标准为每平方千米每年 1000 元。此外，对于申请国家出资勘查并已经探明矿产地的采矿权的，采矿权申请人除依照本办法第九条的规定缴纳采矿权使用费外，还应当缴纳经评估确认的国家出资勘查形成的采矿权价款。

（2）探矿权、采矿权价款（以下简称"两权价款"）。探矿权、采矿权价款是指各级政府的探矿权、采矿权审批登记机关通过招标、拍卖、挂牌等市场方式或协议方式出让国家出资勘查形成的探矿权、采矿权时所取得的全部收入，以及国有企业补缴其无偿占有国家出资勘查形成的探矿权采矿权价款。探矿权、采矿权价款由省级以上地质矿产行政主管机关负责征收，所得款项缴入当级政府设立的财政专户，纳入预算管理。根据相关规定，探矿权、采矿权价款的计价基础是以评估价值为依据，一次性或分期缴纳。一般来说，探矿价款分期缴纳最长不超过 2 年，采矿权价款分期缴纳最长不超过 6 年。

（3）矿产资源补偿费。资源补偿费是矿产资源国家所有权在经济上的实现形式，是一种财产性收益，相当于国外的基础权利金。资源补偿费一般由国土资源部门会同财政部门按产值一定比例进行征收。根据相关规定，矿产资源补偿费的征收费率一般在 0.5%~4%，平均费率为 1.18%。矿区使用费是一种特殊性质的矿产资源补偿费，针对开采海洋石油的中外企业和中外合作开采陆上石油的企业，按每个油气田年度油气总产量和费率征收，设有起征点，超过部分实行超额累进费率，费率为 1%~1.25%，以实物缴纳。在收入划分上，海洋石油的矿区使用费属于中央收入，陆上石油的矿区使用费属于地方收入。

（4）特别收益金。石油特别收益金是国家对石油开采企业销售国产原油因价格超过一定水平所获得的超额收入按比例征收的收益金，所得收入计入中央财政非税收入，纳入财政预算管理，其中相当部分用于补贴消费者。根据相关法律法规，特别收益金的征收对象是所有在中国陆地领域和所辖海域独立开采并销售原油的企业，以及在上述领域以合资、合作等方式开采并销售原油的其他企业。在具体征收标准上，石油特别收益金实行五级超额累进、从价定律计征，按月计算，按季缴纳，征收比率按石油开采企业销售原油的月加权平均价格确定，起征点为 40 美元/桶，最高征收率为 40%。

矿业权收益主要产生于一级市场和二级市场，一级市场的主体是国家，以资源所有者的身份获得税费。二级市场的主体是矿业权人，通过转让或出让获得收益。

一级市场上的矿业权收益主要包括"两权价款""两权使用费"、资源补偿费、资源税等类型。

"两权价款"主要包括探矿权价款和采矿权价款。中央和地方收取的矿业权价款收入，中央和地方的分成比例为 2∶8。根据"取之于矿、用之于矿"的原则，中央分成部分主要用于扩充中央地质勘查基金。省以下采矿权使用费的分成比例分两种情况，第一种是协议方式出让，省、市、县按照 3∶2∶5 的分成比例；第二种是公开方式出让，按照 2∶3∶5 的分成比例。其中，县级政府的分成比例最高，该收入主要用于资源整合和地质生态环境保护过程中的补偿问题。当前，"两权使用费"和"两权价款"都是根据国务院和省级地质矿产主管部门提出的使用计划，报同级财政部门审批后拨付使用。

矿产资源补偿费按照一定的比例在中央和地方之间进行分配。像煤炭资源补偿费率一般是 1%，煤炭资源补偿费用是由财政部与地质矿产主管部门一同征收，矿产资源补偿费收益在中央与省、直辖市间的分成比例为 5∶5，中央与西藏、内蒙古、广西、新疆、宁夏的分成比例为 4∶6，中央将分得的矿产资源补偿费收益纳入国家预算，并由财政部在下一年支出预算中安排使用，年终结余部分可用于下一年的财政支出。在这部分矿产资源补偿费中，用于矿产资源勘查支出占比约 70%，用于矿产资源补偿费征收部门经费补助约占 10%，用于矿产资源保护支出约占 20%。2011 年山西省资源补偿费达到 31.16 亿元。[①]

按照税种分类，矿产企业所得税 2003 年之前中央和地方各分享 50%，2003 年所得税分享改革之后中央分享 60%，地方分享 40%；增值税中央和地方按 75∶25 的比例进行分享，营业税以及城镇土地使用税全部归地方所有。另外资源税也属于共享税，即税收收入的分配按照一定比例或约定的方式在中央和地方之间进行划分。按照当前的实际情况，除海洋石油资源税上缴中央以外，其他资源税收入完全由地方支配。1984～1994 年，国家资源税只面向原油、煤炭以及天然气征收。1994 年之后，资源税的征收范围不断扩大，逐渐将有色金属原矿、黑色金属原矿、其他非金属原矿、盐等列入其中。除了按照国家统一规定对以上七种矿产征收资源税以外，各地政府还对其他的矿产种类征收资源税，比如：云南省对矿泉水和地热征收资源税，浙江省对建筑用石料征收资源税，四川省对稀土矿、汞矿征收资源税。这部分税收完全划为地方财政自有收入，由地方政府列入财政预算并统筹安排使用。

二级市场上矿产权收益包括两个部分，分别是矿业权转让收益和矿业权出让收益。根据中国目前的实际情况，矿业权转让主要通过行政审批和市场两种方式进行流转，取得的收益在上下级政府之间进行分配，分配的比例兼顾了上下级政府的收益，相对比较合理。由于矿业权出让审批权限主要集中在中央和省两级自然资源部，根据矿产资源权属，出让收益大部分归属于中

---

① 资料来源：山西省 2011 年度国土资源公报。

央和省级财政。但现实中，为了充分调动各级地方政府参与矿产资源保护和管理的积极性，矿业权出让收益按照权、责、利一致的原则，在各级政府之间进行合理分配，并向基层地方政府倾斜。如浙江省矿业权出让的收益按照省20%、县80%的比例分配。福建省矿业权出让的收益按照省20%、市10%、县70%的比例进行分配。

然而，资源收入极易受到资源价格变动的影响，故下面介绍了国内矿产资源价格的定价机制以及与国际资源价格变化之间的关系。

3.1.4　国内矿产资源的定价机制

计划经济时期，国家通过调控矿产和能源的价格来发展制造业，而制造业主要分布在资源匮乏的地区，1978年之前，我国生产资料均由政府来制定价格，通过政府统一定价，将物价总水平维持在一个相对稳定的水平，为工业化发展积累了原始资本，而对能源资源价格却产生了严重的扭曲，矿产企业因此严重亏损，经营难以为继。1985年，中国开始对工业生产资料价格实行计划内外双轨制的管理办法，计划内的部分按照国家定价规则，超出计划的部分或者允许自销的部分则由企业来定价，可以选择加价或者议价。实行价格双轨制以后，计划价格和市场价格趋于一致。1984年开始，中国允许地方政府和国有企业按照市场价格销售煤炭，到1993年，中国超过50%的煤炭价格实现了自由化，只剩30%左右的煤炭由于发电而受到价格管控，天然气的价格双轨制始于1987年，1993年10月，原油价格也开始实行双轨制，1994年5月中国提高了石油的计划价格，基本与国际原油价格基本一致。总之从1978年开始到20世纪90年代中期，中国能源资源价格逐步实现了自由化。

资源诅咒理论和经典经济理论在非市场价格条件下不会起作用。在价格体制改革之前，中国能源资源服从配额制生产，中央、省、市所属集体企业和国有企业均按照给定的资源额度进行开采，隶属于基层政府的企业获得的配额很少，资源对当地经济发展的作用非常有限。而且，资源丰裕地区以低价供给资源，并没有获得发展经济的机会，也就没有激励开发资源。

图3-1是1997年以来国有重点煤矿煤炭平均出矿价，1998年和2009年

因为亚洲金融危机和国际金融危机的影响，煤炭价格有较大幅度下降。2012
年，一方面由于我国经济增速放缓，另一方面由于节能减排对煤炭消费带来
的压力，煤炭价格开始出现下降趋势，2014 年，由于改革力度进一步加大使
得煤炭价格出现较大降幅。从图 3－2 可知，中国煤炭价格与国际市场价格
基本趋势是一致的。我国石油价格自 1998 年开始逐步与国际石油价格接轨，
国内油价随着国际市场报价浮动。

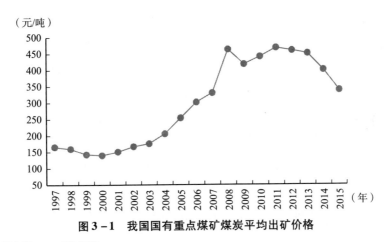

图 3－1 我国国有重点煤矿煤炭平均出矿价格

资料来源：Wind 数据库。

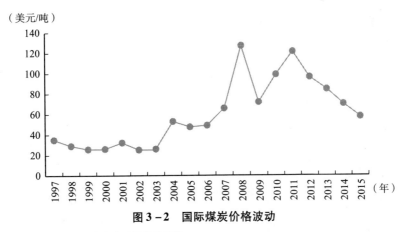

图 3－2 国际煤炭价格波动

资料来源：世界银行大宗商品价格数据集。

3.1.5 国际市场矿物价格波动

下面主要分析煤炭、石油和天然气的国际价格的波动，根据图 3 - 3，石油和天然气价格走势基本可以分为以下几个阶段：第一个阶段是 1997 ~ 1999 年，国际石油天然气价格比较稳定，第二个阶段是 2000 ~ 2008 年，国际石油价格从 2000 年的 28.27 美元/桶，增长到 2008 年的 97.64 美元/桶，年均增幅为 16.75%。这个阶段世界各国的经济发展快速，经济增长对能源的消费需求迅猛增加，所以世界石油价格受到各国需求量的增加而不断上涨。第三个阶段，2018 年 7 月到 2018 年 12 月，石油价格出现了大幅下跌，石油价格由 97.64 美元/桶跌至 61.87 美元/桶，在此期间，受到国际金融危机的冲击，世界经济剧烈震荡。第四个阶段是 2009 ~ 2012 年，石油价格开始出现缓慢回升，在此期间石油价格从 61.86 美元/桶增长到 111.96 美元/桶。第五个阶段，2012 年之后，出现了新一轮的价格下跌。2014 年以来，国际能源市场受美国页岩气技术新突破的影响，国际市场的石油和天然气的价格持续下跌。从图 3 - 3 可知，国际煤炭价格的波动趋势与石油和天然气从整体上是保持一致的。

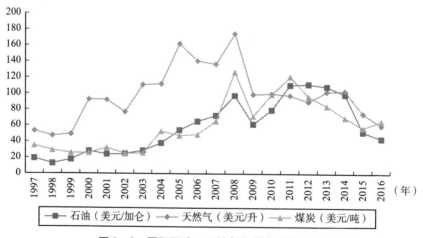

图 3 - 3　国际石油、天然气和煤炭价格波动

资料来源：1997 ~ 2016 年世界银行大宗商品价格数据集。

　　第一阶段和第二阶段能源价格整体上是处于不断上涨时期，同时该阶段的价格受世界各国经济发展水平影响比较大。一些发达国家石油对外依存度普遍高于 50%，美国石油对外依存度多年保持在 60% 以上，最高达到 80%，韩国和日本的石油对外依存度接近 100%。中国原油对外依存度从 2000 ~ 2006 年一直维持在 30% 左右（见表 3 - 1）。煤炭和天然气对外依存度非常小，煤炭 2000 ~ 2006 年对外依存度平均不到 1%。天然气在 2000 ~ 2005 年没有进口，2006 年依存度为 1.7%。根据 BP 公司 *Statistical Review of World Energy* 2017 年数据计算得到，2006 年美国石油消费量占全世界总消费量的 23.36%，中国石油消费量份额为 9%，中国约为美国的 2/5。其他国家像日本（6%）、韩国（2.6%）、德国（5.4%）、印度（3.2%），石油进口总量约为美国的 1/3，总体来看 2000 ~ 2006 年，中国经济增长对国际石油天然气价格的影响相对要小。

表 3 - 1　　　　　原油、天然气和煤炭进口依存度（2000 ~ 2006 年）　　　单位：%

资源类别	2000 年	2001 年	2002 年	2003 年	2004 年	2005 年	2006 年
原油	33	28	30	36	42	42	45
天然气	—	—	—	—	—	—	1.7
煤炭	0.2	0.2	0.7	0.6	0.9	1.1	1.5

　　资料来源：国家统计局。

3.2　相关变量衡量方法

3.2.1　资源丰裕程度衡量方法

　　现有研究中有关资源丰裕度的定义，普遍采用两种度量方式：一是用比值类指标，如资源类产品出口占总出口比重、采矿业职工收入比重、资源类产业从业人员占全部从业人员的比重、能源工业产值占工业总产值比重、资源类产业产值占 GDP 比重、资源类产品出口占 GDP 比重等，这类指标可以衡量对资源的依赖度；二是使用人均指标，比如人均自然资本、人均资源类产品出口值、人均资源类产业产值以及人均资源租金等，这类指标可以衡量资源的丰裕程度。第一种指标往往不能较好地度量一国的资源丰裕程度，比如用资源类产业产值占 GDP 比重来衡量，假设两个国家有相同的资源类产业产值，但是一个地区的 GDP 高于另外一个地区，那么根据比值来衡量，GDP 小的地区资源丰裕而 GDP 大的地区资源贫瘠，这显然是不符合逻辑。使用资源丰裕比值类指标同时很可能造成内生性问题。比如使用矿产资源出口值占 GDP 比重作为解释变量，当矿产资源出口值是某个特定值时，如果其他原因导致一个地区经济增长率低以及 GDP 产出水平低，按照比值类指标计算，该地区将拥有较高的资源禀赋，就会得到资源丰裕与经济增长之间的负向关系的结论。由此带来的内生性问题和偏误会非常严重。

使用人均资源储量来度量资源禀赋仍然可能存在内生性问题。自然资源的开采规模依赖于地方性的开发技术、未来发现新矿藏和开发程度的预期、资源价格等，这些因素与经济增长或经济发展水平都紧密相关。通常一个地区拥有较好的经济发展水平和良好的制度背景，开发的矿产资源越多，探明的矿产储量也更多。因此，使用人均资源存量指标依旧存在内生性问题。

本书使用地区人均矿业产值来衡量地区资源丰裕度，具体方法是根据中国 1995 年《规模以上企业数据库》计算每个县市的矿业产值，然后除以当地的常住人口数量。矿产资源企业是按照《国民经济行业分类》的统计标准，结合矿产资源型产业开采与加工环节的关联性，最终确定本书矿业范围。(1) 煤炭资源型产业：煤炭开采和洗选业、电力热力及燃气生产和供应业；(2) 石油天然气资源型产业：石油和天然气开采业、石油加工炼焦及核燃料加工业；(3) 黑色金属矿资源型产业：黑色金属矿采选业、黑色金属冶炼及压延加工业；(4) 有色金属矿资源型产业：有色金属矿采选业、有色金属冶炼及压延加工业；(5) 非金属矿资源型产业：非金属矿采选业、非金属矿物制品业。

由于还存在内生性问题，因此本书参考了阿西莫格鲁等（Acemoglu et al., 2013）以及马里内兹（Marinez, 2017）的方法，使用研究时间段之前年份的特许权使用费的均值（本书用 1995 年地区平均矿产）来衡量资源禀赋，这样相对外生。因此，本书根据 1995 年《全国工业普查年鉴》计算得到了中国各个县市 1995 年矿业产值中最大的矿产品（主要是煤、石油和天然气）作为各县市的主要矿产资源①，如果一个地区 1995 年的矿业产值较高，说明该地区初始的资源禀赋较高。在这里尽管矿物产量会随着时间以及技术的进步发生变化，但是由于技术活动的扩散作用以及资金自由流动，在能源技术水平并没有大的突破条件下，资源初始禀赋的差异很难发生实质的变化，由于使用的是 1995 年的矿业产值，不会受到本书研究时间段 1998 年以后经济变量的影响。然后根据主要矿物历年价格与 1995 年价格的比值计算得到一个价格指数，使用 1995 年矿业产值与之后历年该指数的乘积来表示由外生矿产资源价格上涨带来的资源收入增加。

本书沿用阿西莫格鲁等（2013）的方法，使用 i 县（或地级市）的初始矿产资源禀赋 $\bar{q}_i$ 与第 t 年的自然资源价格 P_t 的交乘项，表示 i 县（或地级市）在第 t 年的采矿业景气程度 Z_{it}。具体来说，构造过程分为如下两步。

第一步，计算 i 县（或地级市）的人均初始矿产资源禀赋 $\bar{q}_i$。

利用 1995 年全国工业普查企业微观数据，计算出 1995 年县（或地级市）i 各采矿行业 j 的产值。将县（或地级市）i 采矿行业 j 的产值 $Output_{ij0}$ 除以 1995 年矿产资源 j 的价格 P_{ij0}，得到了 1995 年县（或地级市）i 采矿行业 j 的矿产资源产量 Q_{ij0}，再将其除以 i 县（或地级市）的人口 $population_{i0}$，得到人均资源禀赋 $\bar{q}_i$，其中 $Q_{ij0} = \dfrac{output_{ij0}/P_{ij0}}{Population_{i0}}$。本章使用各县（或地级市）1995 年工业普查企业微观数据测算每个县（或地级市）的初始资源禀赋，原因是 1995 年工业普查企业微观数据覆盖了所有采矿企业，可以较为完整反映每个地区的资源禀赋。同时，本书主要回归的样本期为 1998 年之后的数据，故使用 1995 年的数据也相对更加外生。由于煤矿、石油（含天然气）是中国最主要的矿产资源，合计占 1995 年采矿业产值的 87%。故本书根据

---

① 通过计算 1998~2007 年每年各个县市各种矿物的销售额，发现各县市开采主要的矿产在几乎没有很大的变化。

煤矿和石油当年对应的价格求得各县（或地级市）煤矿和石油的初始产量。[①]

第二步，计算采矿业繁荣程度。

$$Z_{it} = \sum_j \bar{q}_{ij} \times \ln P_{jt} \qquad (3-1)$$

其中，P_{jt} 是国际市场上第 t 年矿物 j 的价格，$\bar{q}_{ij}$ 是第一步计算出的县（或地级市）i 矿物 j 的初始禀赋。因此，当国际市场上矿物 j 的价格上升时，如果县（或地级市）i 在初始拥有丰富的矿物 j 禀赋，那么县（或地级市）i 在 t 年的采矿业繁荣程度就会上升。

以上构造县域（或地级市）采矿业繁荣程度的基本思路是：一个地区的资源禀赋在短时间内不会出现大幅度变动，但是资源价格波动会在很大程度上影响采矿业的总产值，当资源 j 的国际价格大幅度上升时，国内市场价格也通常会上升，对于富含资源 j 的县（或地级市），其采矿业产值将大幅度上涨。

这一指标最大的优势在于具有较好的外生性。本章使用 1995 年数据构建初始资源禀赋，它不受随后年份采矿企业行为的影响。同时，本章使用国际市场价格而不是国内市场价格，因为国际市场上每种矿物的价格不太会受到国内采矿企业行为的影响。即使中国是某些矿产资源的主要产出国，但是某一个县（或地级市）i 对整个国际资源价格的影响非常微小。本质上看，本章使用的是"移动份额"式的回归思路（Bartik，1991），也是广义的双重差分模型思路，将"资源匮乏县（或地级市）"作为"资源丰裕县（或地级市）"的对照组。随着资源价格上涨，"资源丰裕县（或地级市）"经历了采矿业繁荣，而"资源匮乏县（或地级市）"并不经历采矿业繁荣。

相比之下，如果直接使用当年的人均采矿业产值度量采矿业繁荣，就存在较为明显的内生性问题，这来源于以下两个方面。一方面，采矿业产值与本书所研究的变量之间可能存在反向因果关系。每个县（或地级市）的采矿业产值尽管很大程度上取决于该县（或地级市）的固有资源禀赋，但是当地的财政收支、公共品提供、制造业发展、劳动力成本和土地成本等因素均可

[①] 本章也尝试了利用 1995 年工业普查微观数据，将煤炭和石油之外的 10 种矿物（铁、铜、锡、金、银、锌铅、镍、锑、铝、钨）也计入分县的初始资源禀赋，结果依然保持稳健。

能会影响当地矿产企业的行为和产出数量。另一方面，一些因素可能同时影响县（或地级市）域的采矿业产值和主要的被解释变量，尽管本书模型中已经加入了一些可观测的控制变量，但是仍然可能存在一些不可观测的因素，从而导致变量遗漏。

3.2.2　财政收支的范围

财政收入属于预算内收入，其特征是统一纳入国家预算，按国家预算立法程序实行规范管理，由各级政府统筹安排使用。财政收入按征收方式分为税收收入以及非税收入，狭义的非税收入就是收费，非税收入是由预算外资金演变过来的。为了更好地进行宏观调控以及市场职能划分，在 1997 年后，中国将预算外收入纳入预算内作为非税收入进行管理。非税收入项目主要包括行政事业性收费、国有企业和主管部门收入和罚没收入、政府名义接受的捐赠、政府性基金收入、国有资产有偿使用收费、国有资源有偿使用收入、政府财政资金的利息收入等。关于非税收入的度量，由于在 2007 年之前的《全国地市县财政统计资料》中一般预算收入项目中未将非税收入分离出来，故本章使用一般预算收入项目与列出的各项税收收入总额的差值来衡量非税收入。由于计算的结果中还包括一些小税种（如资源税等），故计算结果会高于真实的非税收入水平。此外，在 1998 年《全国地市县财政统计资料》中，税收收入只分类统计了增值税、营业税、个人所得税、农业五税①收入，1999 年之后增加了城市维护建设税的统计，2001 年涵盖了企业所得税，尽管税收收入涵盖的范围发生了变化，但是由于税收收入主要以增值税和营业税以及农业五税为主，其他税收所占的比重非常小②（如资源税），因此计算得到的非税收入偏误不是很大。

非税收入与税收的征收方式相比，第一，收费方式比征税方式的随意性大，较为不规范；第二，收费方式比征税方式的强制性较低，其收入的可靠

---

① 农业五税分别是农业税、牧业税、耕地占用税、契税和农业特产税。
② 2006 年的统计资料不包括 207.11 亿元的地方资源税税收收入，其仅占当年地方税收收入 15228.21 亿元的 1.4% 左右。

程度较低，当收费方式所占比重较高时，不利于完善企业的生产、经营环境，也不利于地方财政收入持续稳定地增长。

财政支出是指在市场经济条件下，政府为提供公共产品和服务，满足社会共同需要而进行的财政资金的支付。财政支出的实质是对财政收入进行分配和使用。财政支出可以按照下面的方式进行分类：首先，按经济性质分类，分为生产性支出和非生产性支出，生产性支出指与社会生产直接相关的支出，如支持农村生产、道路建设、桥梁建设等支出，非生产性支出指与社会生产没有直接关系，如国防支出、行政管理、公检法支出等。其次，按是否能直接得到等价的补偿分类，分为购买性支出和转移性支出。购买性支出又称消耗性支出，是指政府为执行财政职能时购买商品和劳务的支出。转移性支出是指政府无偿地、单方面地向企业、居民和其他受益者转移财政资金，包括社会保障支出、捐赠支出、财政补贴等。按照财政支出与国家职能关系可以将财政支出分为基本建设支出、支援农村生产支出、农林水气事业费、教育事业费、社会保障补助支出、行政管理费、公检法司支出以及其他各项支出。唐颖和赵文军（2014）以及郭庆旺和贾俊雪（2008）的研究中，又将财政支出分为生产性支出和行政管理费用以及公共服务类支出，其中，基本建设支出、支援农村生产支出、农林水气事业费、科技支出视为生产性支出，将行政管理费用以及公检法支出归入行政管理费用支出，将教育支出、医疗支出以及社保支出纳入公共服务类支出。本书中主要考察了后面两种财政支出分类方式。

3.2.3　财政支出效率

财政支出效率测算方法主要包括 DEA（data envelopment analysis）、SFA（stochastic frontier analysis）、FDH（free disposal hull）和 COLS（corrected ordinary least squares）。上述方法中 SFA 是采用参数方法进行估计，确定了投入和产出之间的生产函数关系，利用回归方法确定表达式中的参数。SFA 的不足主要体现为样本量需要足够大，必须知晓生产函数形式，处理多输出产出过程存在困难，SFA 最大的优势在于它估计的前沿面是随机的，包含了噪声、测量误差和外生干扰。COLS 方法主要适用于经典分布，它不能将偏差分解为效率和测量误差（假定边界偏差完全是由于度量偏误以及技术效率低造成的）。FDH 和 DEA 是使用非参数估计方法进行分析，不要求对基本的生产函数做出明确的定义。博奇等（2008）、布伦斯和希姆莱（Bruns and Himmler，2011）以及雷韦利和托梅奥（Revelli and Tovmo，2007）使用产出水平比财政支出来衡量财政支出效率，考察了 6 类一级指标的产出水平，并给每个一级指标通过专家打分的方式设置一个权重，每一类服务指标下有多个二级指标，将每个二级指标与该指标的平均值相比较计算得到一个指数，并与该指标的占比相乘得到一级指标的产出水平，再对 6 个一级指标加权求得总的产出水平，使用总产出水平与财政收入的比值来衡量财政支出效率。国内研究中大多使用 DEA（数据包络方法）对财政支出效率进行测算，具体方式是用人均财政支出作为投入指标，产出指标则包括教育、医疗、卫生等方面的评价指标（陈诗一和张军，2008）。现有研究中有相关文献研究了资源丰裕对地方政府的影响，发现由于资源丰裕带来的财政收入的扩张并没有同时增加公共品的供给以及改善居民的福利水平，认为财政收入被浪费了（Ardanaz and Maldonado，2012；Caselli and Micheals，2013；Monteiro and Ferraz，2012）。基于上述方法，本书对中国地级市的财政支出效率进行了测算，研究了资源丰裕程度对财政支出效率的影响。

3.3　相关理论分析

3.3.1　"资源诅咒"理论

"资源诅咒"的最经典的理论是"荷兰病"（Dutch Disease）理论，即当资源价格上涨时资源收入急剧增加对制造业部门带来挤出作用，资源丰裕导致本国货币升值，劳动工资上升，使得劳动力流入资源部门，资源出口挤出了其他贸易部门的出口。克鲁格曼（Krugman，1987）将这种现象称为"荷兰病"。"荷兰病"模型最早是由科登和内亚里（Corden and Neary，1982）

提出的，该模型中包括三个部门，分别是非贸易部门、制造业部门以及资源部门，模型假定：（1）劳动在所有部门中是充分流动的，因此每个部门的工资都是一样的；（2）所有商品最终都用于消费；（3）贸易最终永远是平衡的，即产出等于投入；（4）实际工资没有刚性。

资源繁荣时资源部门通过资源转移效应和收入效应来影响其他部门的经济。资源的转移效应（resource movement effect）表现为当资源价格上涨时，劳动力需求会增加，会推动均衡时的劳动力价格上涨，从而使得制造业和非贸易部门的劳动力转移到资源部门。

收入效应（spending effect）表现为资源丰裕使得本币升值，国外商品价格相对本国商品更加昂贵，从而使得进口增加，对国内贸易和非贸易部门商品的需求减少。

在此基础上，松山（1992）、萨克斯和沃纳（1995）对模型进行了扩展，引入了非新古典假设，只包含一种流动要素劳动。同时满足两个特征：（1）偏好是非类似的①，且对农产品的收入需求弹性小于1；（2）制造业由于具备"干中学"特征，规模收益递增；（3）技术外生，收益率恒定。扩展模型中包括农业和制造业两个部门，对于封闭经济体，外生的农业生产率增加将使得劳动力从农业转移到制造业部门会加速经济增长，原因有三个方面：第一，农业可以反哺制造业，为其提供初级产品，且农业生产率的提高可以释放更多劳动力参与制造业生产；第二，农业产出增加使得居民收入和储蓄增加，从而提高了人们对工业品的需求；第三，储蓄增加为工业化发展提供了资金来源。而在开放经济体中，认为农业与制造业的增长是负向相关的（Wright，1979），由于开放经济体价格主要是由国际市场决定的，农业部门生产率的提高不能弥补相对价格变化带来的成本增加，会挤出制造业部门，相反当农业部门初始禀赋较低时（土地和自然资源等要素），可以通过贸易进口农产品和初级产品，使得更多劳动力从农业转移至制造业部门，促进制造业经济增长。松山（1992）研究了农业和制造业两部门，制造业部门内生

---

① 消费者的偏好是类似的（homothctic）当且仅当下列条件成立：$U(x1, x2) \geq u(y1, y2) < = = > u(tx1, tx2) \geq u(ty1, ty2)$，其中 $t > 0$。

增长的引擎是"干中学"。农业生产力的增长可以解释为自然资源或农业部门的禀赋，劳动力从制造业部门流向农业部门，减少"干中学"，降低经济增长率。松山（1992）分别研究了封闭经济和开放经济两种情形，首先在封闭经济中，经济增长取决于"干中学"的溢出效应，"干中学"主要是通过与其他企业之间的信息交流以及经验学习产生的，所以"干中学"中人力资本积累的速度由制造业活动的密度而非经济体绝对规模大小决定。在开放经济中，每个经济体是非常小的，经济体之间"干中学"没有溢出效应，如果经济体初始时在制造业方面有比较优势，那么制造业生产率将会超过其他经济体并且"干中学"的效果将会强化初始时的比较优势状态。假定本国农业和制造业初始时与其他经济体有相同的生产率，当资源繁荣时，会使得劳动力从制造业部门转移到资源部门，挤出了制造业部门，降低了制造业通过"干中学"积累人力资本的速度，使得经济增长速度下降。松山（1992）提出上述的模型可能更加适合劳动密集型的资源部门如农业，但是与矿产资源部门的关联性比较小，因为矿产资源主要是资本密集型，对劳动力需求少，因此对制造业部门的劳动力数量影响比较小。

　　萨克斯和沃纳（1995）在松山（1995）的模型上进行了扩展，结合"干中学"以及"荷兰病"理论解释了资源诅咒现象，建立了动态的"荷兰病"内生增长模型，在"荷兰病"模型中包括三个部门：可贸易的资源部门、可贸易的制造业（非资源）部门以及非贸易部门。当资源禀赋较高时，对非贸易部门的产品需求越高，最终使得劳动力和资本集中于非贸易产品部门而不是制造业部门。因此，当资源繁荣时，制造业部门将会缩减规模而非贸易部门规模将会扩大。制造业部门的挤出现象被称为"荷兰病"，尽管在竞争激烈的环境下，制造业部门的衰退并不是有害的，但是由于这里制造业增长缓慢，会对其上下游关联产业产生影响，并且制造业部门通过"干中学"积累人力资本的速度将会减慢。如果制造业产品具有外部性特征，那么由资源繁荣带来的制造业衰减将对经济增长产生负向作用。

　　除了从"荷兰病"的角度来解释资源诅咒现象外，莱恩和托内尔（1996）利用政治经济学的观点，发现资源禀赋丰裕地区会导致在政治群体中产生寻租行为，这样会给企业带来较高的税收负担从而导致资本回报率下降以及资金使用效率低下。阿塞亚和拉希里（1999）从人力资本积累的角度解释了资源丰裕地区经济增长下降的现象，由于资源丰裕地区非技能劳动者的工资相对于技能劳动者工资更高，由此受教育的机会成本将会增加，导致人力资本积累水平下降从而经济增长下降。托尔维克（2002）建立了一个寻租模型，模型中包含四个部门，分别是自然资源部门、后向部门（规模报酬不变）、现代部门（边际报酬递增）、政治竞争部门。发现资源丰裕会使得更多的企业参与到寻租活动而生产活动减少，由此导致的收入下降要高于资源收益的增加，随着资源收入增加，福利会减少。与莱恩和托内尔（1996）以及托内尔和莱恩（1999）模型不同的是，托尔维克（2002）在模型中考虑了寻租者之间的竞争，寻租者越多，每个寻租者的预期收入越少。梅勒姆等（Mehlum et al.，2006）在萨克斯和沃纳（1995）的基础上研究了制度与资源诅咒之间的关系，与之不同的是，后者主要从"荷兰病"这一机制对资源丰裕地区经济发展进行了解释，认为制度不是主要的影响因素。梅勒姆等（Mehlum et al.，2006）则发现制度可以解释资源丰裕与经济增长之间的关系，模型中只有生产部门和寻租部门，寻租的概率与当地制度质量有很大的相关关系，企业通过比较两部门的收益大小进行选择，当制度质量较高时，均衡时企业是以生产部门为主，当制度质量较差时，均衡时企业是以寻租为主，资源诅咒容易发生在制度较差的地区。卡塞利和坎宁安（Caselli and Cunningham，2009）从领导者的行为入手，分析了资源如何会变成诅咒，当领导者是忙碌型的，当且仅当生产部门收入和官员连任的概率均为线性函数时，诅咒才会发生。若领导者是镇压型的，政府收入在镇压支出和投资支出之间进行配置，如果初始的收入较低时，镇压支出会挤出生产投资从而不利于经济增长，只有当初始收入增加到一定的水平，这种负向关系才会转变为正；当领导者具有一定的战略目标时，当资源收入增加时，地方官员更多地投资于有利于增长的资产（基础设施、法治），但是如果随着资源收入增加投资下降，则会产生资源诅咒，一个可能的原因是地方官员惧怕大规模投资和公共品的提供会给竞争对手带来便利。若领导者是懒惰的，那么资源越丰裕，领导者会增加闲暇，减少工作时间。当投资和官员的努力互补时，投资也会减少，从而降低经济增长的速度。

3.3.2　资源价格变化、财政压力与财政收入来源

中国资源型地区主要的收入来源为采矿业收入，其占财政收入的比重最高达到60%，[①] 资源型地区高度依赖于资源收入，而资源收入因资源价格的波动而具有易变性，这加剧了地方政府对资源收入管理的难度。由于资源价格变动导致地方政府财政收入的扩张和收缩，财政压力成为影响地方政府开源的方式。资源繁荣意味着地方政府抵押品增加，降低了借贷风险。从而，当资源收入越多时，地方政府借贷能力越强，从而导致债务水平越高。这一现象被称为"基于繁荣的借贷能力"（Usui，1997），如拥有大量资源的墨西哥，资源繁荣的同时高度依赖于外部借款。当资源价格下跌时，资源型地区将面临大量债务（Manzano and Rigobon，2001），如哈萨克斯坦在资源繁荣时，通过大量借贷来增加建筑业和房地产业投资，而随着2008年全球金融危机的到来，当地银行面临日益严重的流动性危机，房地产项目资金链断裂，留下许多烂尾工程。与此同时，资源丰裕以及由此带来的过度外债将加速实际汇率的升值，将导致制造业部门的萎缩，是潜在制造业的主要障碍，加剧"荷兰病"的发生（Gurbanov and Merkel，2012）。

当资源价格上涨时，地方政府可能会减少非采矿业部门实际税率或放松税收征管来增强地方政府竞争力，因而不利于地区税收的稳定，也不利于税收汲取能力的建设。现有文献中有学者利用中国规模以上工业企业数据发现采矿业景气与税收征管及企业有效税率之间存在反向关系（Chen，2022）。采矿业景气也会影响中央的税收决策，中央和上级政府将通过调整税收分成比例来影响资源型地区的税收收入，当资源丰裕时，中央有动机调整税收分成比例，提高中央收入。

当资源价格下跌时，地方政府也可以通过提高税收征管力度或者拓展其

---

① 2018年，山西煤炭工业税收收入分别占全省税收总量和全省工业总税收的43.8%和65.7%，由"煤焦冶电"组成的资源型产业税收收入占全省税收总量的52.8%，对税收收入贡献率达到57.5%。2019年，煤炭行业税收收入占全省税收总量的44.3%，税收贡献率为50.6%（张婷，2020）。

他非税收来源来缓解地区财政压力。非税收入是地方政府调节财政收入、弥补收支缺口的重要手段，现有大量研究表明，当地区收入损失越大时，地方政府非所得税收收入的征税力度及基金收入征税力度提高越多（张原和吴斌珍，2019）。有的研究者同样发现地方政府将通过提高增值税和企业所得税的征收力度来维持本级财力（Chen，2022）。除了加强税收征管外，地方政府可以发展其他相对高税收收益的财源。如陈志勇和陈莉莉（2011）研究发现，当地方税收分成降低时，地方政府将通过房地产业务扩大地方主体税种（营业税）的规模。韩和龚（Han and Kung，2015）发现地方税收分成降低导致与土地相关的收入增加，这是由于土地出让等财政收入无须与上级政府共享。此外，也可能通过做大"税基"来完成税收目标，比如通过放松环境规制力度来实现工业规模扩张，进而缓解地方财政压力（席鹏辉等，2017）。

一些国家采取审慎的管理方式，面对资源收入的大幅上涨，通过储蓄和适当的支出政策实现宏观经济的稳定，平稳油价的波动，最终实现财政政策的可持续性，解除了"资源诅咒"。如印度尼西亚在石油繁荣时期，通过预算平衡法有效抑制了预算支出的盲目增加，使得政府预算在所有年度均保持平衡。

3.3.3 资源价格变化、财政支出与财政回应性

财政支出是政府履行职能以满足社会共同需要而进行的财政资金的支付。从本质来看，财政支出是政府财政活动的重要组成部分，反映了政府活动的方向和范围，也反映了政府财政资源配置的方向、结构和规模。财政支出的管理体制包括三个方面：财政支出的范围与各项支出的占比、财政支出绩效、财政支出的方式与手段。财政支出的范围是指财政资金分配的对象以及财政支出在政府各项支出中如何分配，即如何调整各项支出的比重。财政支出绩效是指资金使用效率，财政支出方式与手段解决如何分配资金。财政支出效率是财政支出的核心，财政支出规模的大小和结构的合理性都是为了实现财政支出效率的最大化。财政支出效率反映的是政府在既定的投入水平下获得最大产出水平的能力，产出指标包括地区经济发展水平、居民的福

利、生态环境改善等多方面，以及在既定产出水平下投入成本如何实现最小化。而投入成本与制度的优劣是紧密相关的，资源配置的"意愿"是由政治决策形成的，政治因素会影响地方政府的预算过程进而影响预算结果。

1. 资源价格波动、官员动机与财政支出结构

资源价格波动导致地区财政收入的扩张和缩减，同时也将直接影响地区财政支出结构。当资源价格下降时，地区财政收入下降，地方政府将面临紧预算约束，将从总量上缩小公共服务供给规模，同时将对财政支出结构进行调整。由于中国官员受到晋升考核指标的影响，为了实现考核目标，地方官员会采取有利于这一目标实现的财政支出政策，一般情况下，为了能迅速招商引资，地方政府往往会加大财政支出力度建设更多的基础设施，而忽视科教文卫等对资源收益贡献作用小的支出项目。因为提高基本建设支出规模和比重有助于改善基础设施条件，提高自然资源的市场化程度。资源开采是资本密集型产业，并属于以采掘业及相关的低级制造业为主的产业结构，对劳动力技术要求不高，从而地方政府容易低估教育投资的长期价值，对人力资本的投资规模很小，人力资本难以积累。哈比比（Habibi，2001）使用 5 个中东石油出口国家的面板数据研究了当石油收入出现波动时，地方政府如何调整各项财政支出，估计的结果显示，当石油出口收入增加时，国防预算支出占比以及经济事务服务支出占比均显著上升，而社会支出显著下降，当石油出口收入减少时，会缩减更多资本支出和国防支出而不会减少在政治上更为重要的社会支出。阿纳斯塔西和布拉德利（Anshasy and Bradley，2012）实证分析发现，从长期来看，石油价格上涨会使得地方政府规模扩大，从短期来看，政府支出随石油收入增加不成比例增长，反映了石油出口国家谨慎的财政政策。那么在中国特殊的激励机制下，资源价格波动如何影响地方政府支出行为也是本书关注的一个主要问题。

当资源价格上涨时，地区财力丰裕。假定地区 N 每期有一个资源性收入 R 可供地方政府支配，政府可用于生产性投资为 i，政府用于私人部门服务的时间为 L，i 和 L 都能增加非资源部门的产出。当资源价格上涨时，大量的资源收入将使得地方政府投资缺乏约束，投资效率降低。一方面，地方政府

官员过于关注政绩，将出现大量重复建设、无效工程、形象工程。另一方面，政府官员为了获得更多官员支持，可能会滋生腐败问题。此外，根据收入效应，当资源越丰裕时地方政府投资会增加，但是官员对非资源部门投入的精力会减少，根据替代效应，当资源越丰裕时，闲暇带来的边际效用更大，因此，地方官员更加注重闲暇，尽管投资会增加，但是由于官员投入精力下降，投资的效率会降低。如果官员投入的精力和投资是互补的，那么投资会下降，从而可能对经济增长产生诅咒。以上因素均会影响财政支出效率。

2. 资源丰裕与财政回应性

政府这只"看得见的手"既是正式制度的构建者又是公共物品的提供者，政府的失灵与否是决定经济发展成败的一个关键因素（Acemoglu and Robinson，2013）。已有大量文献基于公共选择理论分析框架，细化了"资源诅咒"的制度效应机制，提出了自然资源导致政府失灵的若干机理，这些机理大多数反映为政府财政支出行为的扭曲，即资源丰裕导致政府官员自利性、寻租类支出增加，公共服务提供能力下降（Ross，2015）。具体来说，已有文献主要从以下四个方面阐述了制度效应机制：

第一，资源性财政收入主要取决于本地区资源禀赋和资源价格，不取决于当地吸引的劳动和资本等要素，因此地方政府缺乏激励去提供优质公共品吸引要素流入，导致财政支出结构当中官员自利性、寻租类支出增加，财政回应性不足（Besley and Persson，2010；Martinez，2017）。

第二，在西方式选举体制下，政客需要在个人短期寻租收益和寻求选民支持获得连任之间权衡，寻租可以增加个人短期收益，但是由于挤压公共服务支出会降低选民满意度从而降低未来连任的概率，如果资源价格处于暂时性的上升期，在位的政客短期内获取寻租收益的机会大大增加，因此会更倾向于短期寻租（Persson and Tabellini，2000）。如果资源收入是永久性增加，政府预算规模将永久提高，由于选民对政府预算存在信息不对称，预算规模的增加将降低政客寻租被选民发现的概率，因而也会导致寻租活动增加（Brollo et al.，2013；Armand et al.，2020）。

第三，在位的政客可能通过资源性财政收入来收买特定利益集团，从而巩固自己的执政地位。收买特定利益集团的一个重要方式是向被庇护者提供政府职位，进而导致财政供养人员的过度膨胀、公共品提供不足（Robinson et al.，2006）。

第四，采矿业繁荣意味着企业家进入采矿行业可以获得更为丰厚的利润。由于采矿行业通常受政府较多的管制，企业通常需要得到政府审批才能获得矿物开采权，同时，环境、安全生产、矿区边界划分、资源出口等方面均受到政府管制。采矿业繁荣会吸引企业家投入更多资金向政府官员行贿，从而恶化官员的质量，降低财政回应性（Tornell and Lane 1999；Torvik，2002；Asher and Novosad，2014）。

在上述理论研究基础上，国外近年来也有大量实证文献研究了资源丰裕对政府财政收支行为和公共品提供的影响，然而却没有得出一致性的结论。很多文献表明资源繁荣对提升地方公共服务的作用十分有限。蒙蒂罗和费拉兹（2012）使用巴西数据发现石油开采使地方政府雇员人数显著增加，但是基建、教育以及医疗等公共品投资没有明显增长。卡塞利和迈克尔斯（2013）基于巴西的数据也发现，尽管石油开采显著提高了地方政府决算报告中显示的基础设施、社会保障等方面的支出，但从最终提供的公共品上看，地方民众并没有感受到公共服务的改善，财政资金很大一部分被腐败行为消耗。萨拉伊马丁和苏布拉马尼安（2012）基于尼日利亚的案例研究也表明资源丰裕对公共品改善没有明显作用。博奇等（2015）发现即使在制度较为完善的挪威，自然资源禀赋的升高也显著降低了地方财政支出效率。马丁内斯等（2017）基于哥伦比亚的研究发现普通税收收入的增加提升了地方公共品供给，而资源性财政收入并没有提升地方政府在公共品上的供给。也有少数研究发现资源丰裕对公共品提供有正向作用。埃斯莫格卢等（2002）基于博茨瓦纳案例研究显示，资源丰裕地区大量投资于生产性基础设施、教育以及医疗。奥尔森和瓦尔塞基（Olsson and Valsecchi，2015）使用印度尼西亚的数据发现石油开采对教育和基本建设支出有显著的正向影响。

虽然上述国外文献提出了自然资源对政府治理与财政回应性的多种影响机理，然而，由于不同国家制度背景存在较大差异，其中一些机理并不适用于中国。因此，有必要基于中国的制度背景重新审视这一问题。本书认为自然资源对中国地方政府财政回应性的影响机理主要表现为以下两个方面。

第一，中国地方政府面临的一个重要激励是财政激励，例如财政分权理论认为较高的税收留成率激励了地方政府提供优质公共品（吕冰洋，2018）。基于这一角度，采矿业繁荣使资源型地区地方政府对非采矿业税收的依赖程度较低，因此地方政府缺乏动力去提供优质公共品来吸引税基流入（Besley and Persson，2010）。具体表现为以下两个方面：一方面，地方政府缺乏激励去增加基础设施等生产性公共品，从而获取企业所得税、增值税等税基高度依赖于资本流入的收入；另一方面，地方政府缺乏动力去通过改善民生性公共品来吸引人口流入，从而增加个人所得税、土地出让金等税基高度依赖于人口流入的收入。

第二，中国对地方官员的监督机制主要来自上级政府的纪检监察和审计监督。对于资源型地区而言，采矿业繁荣带来财政收入的明显增加，为地方官员扩张财政供养人员、违规使用财政资金提供了更多空间。如果审计和监察力度不随之提升，采矿业繁荣可能诱使官员追求短期利益，从而恶化财政回应性，降低各类公共品的供给。

3. 资源分配不透明导致支出效率低下

地方官员与矿产企业之间的勾结是资源型地区腐败的主要特征。根据《中华人民共和国矿产资源法》，矿产资源属于国家所有，由国务院行使国家对矿产资源的所有权，地表或者地下的矿产资源的所有权，不因其所依附的土地的使用权或者所有权的不同而发生变更。资源虽然是国家所有，但主要是由国有企业和地方政府代表国家行使相关的权利，包括处置权和相当程度的收益权。

矿产资源开采权取得也不够透明。根据中国现行的有关法律法规，采矿权的取得有两种方式：一是通过招拍挂等竞争方式获得审批；二是通过提出申请方式审批取得采矿权，通过审核后，符合规定资质条件的申请人，经批准并办理规定手续，领取采矿许可证，成为采矿权人。符合条件的采矿权，经批准可以转让。符合规定资质条件的受让人，经批准并办理规定手续，领取采矿许可证，成为采矿权人。由于矿产与土地资源一样，处置权在地方，但是矿产资源大多由地方政府自行转让，特别是当矿产资源价格的暴涨时，企业为了获得资源开采权，不断向地方官员输送利益，最后以市场低价获得开采权。正是由于这种操作不规范、不透明导致矿区成为腐败的重灾区。采矿权的低价非法转让一度使自然资源成为个人暴富的捷径，严重损害了地区经济增长。

3.3.4　资源禀赋、产业关联与制造业发展

产业关联理论最早要追溯到威廉·配第（William Petty）及其同时代研究者提出的一系列观点和方法，如生产的循环流、生产过程中上下游关联等观点。法国重农学派代表人魁奈（Quesnay Francois）在此基础上，将生产过程看成一个循环的过程，他于 1758 年发表的《经济表》为后来列昂惕夫的投入产出理论奠定了重要的基础。1936 年，里昂惕夫提出了产业关联理论，也称投入产出关联理论。

产业关联理论强调国民经济中各个产业部门之间存在技术关联，一个产业部门通过与其他产业部门建立联系，其要素供给才得以保障，生产才得以顺利进行。其他产业部门反过来也需要该产业部门的产出来满足它们的需求。如果某个产业没有与其他产业建立某种关联，那么该产业将会被淘汰。产业关联理论是指产业之间供给与需求的关系。里昂惕夫使用投入产出表，用矩阵的方式描述了各部门在一定时期产出活动的投入和去向，揭示了各个产业部门之间相互关联、相互制约的关系，构成了国民经济核算体系的重要部分，详细地描述了所有产业部门的中间投入和中间需求。表 3 - 2 是中国 2012 年的投入产出表框架。第 I 象限反映了各个部门之间供给和需求关系，第 II 象限反映了产业的最终产品分别是投资、消费和出口，每一列表示一种最终产品的需求结构。第 III 象限表示初始的投入分别包括劳动者报酬、固定资产折旧、营业盈余以及生产税净额，每一列表示一个部门的初始投入。第 IV 象限表示最终产品所需的初始投入。其中反映其他产业对该产业的投入系数称为直接消耗系数，计算方式：$a_{ij} = x_{ij}/X_{ij}$，表示 j 产业部门消耗 i 产业部

门产品的价值量。

表 3 - 2 中国投入产出表（2012 年）

投入		中间产品产出		最终产品产出			总产出
		部门 1	… 部门 n	消费	投资	出口	
中间投入	部门 1	第 I 象限		第 II 象限			—
	…						
	部门 n						
增加值	劳动者报酬	第 III 象限		第 IV 象限			—
	生产税净额						
	固定资产折旧						
	营业盈余						
	总投入	—					

资料来源：国家统计局公开信息。

表 3 - 3 是采矿业对应的中间投入品的消耗系数，可以看出，采矿业的主要消耗部门是电力、热力及水的生产和供应业部门、化学工业部门、金属产品制造业、机械设备制造业。

表 3 - 3 采矿业消耗系数

指标	2012 年	2010 年	2007 年
采矿业总投入	1	1	1
采矿业部门生产 1 单位总产出对中间投入产品的消耗量	0.51	0.55	0.53
采矿业部门生产 1 单位总产出对农、林、牧、渔业部门产品的消耗量	0	0	0
采矿业部门生产 1 单位总产出对采矿业部门产品的消耗量	0.13	0.12	0.07
采矿业部门生产 1 单位总产出对食品、饮料制造及烟草制品业部门产品的消耗量	0	0	0

续表

指标	2012 年	2010 年	2007 年
采矿业部门生产 1 单位总产出对纺织、服装及皮革产品制造业部门产品的消耗量	0	0	0
采矿业部门生产 1 单位总产出对其他制造业部门产品的消耗量	0.01	0.01	0.01
采矿业部门生产 1 单位总产出对电力、热力及水的生产和供应业部门产品的消耗量	0.06	0.07	0.08
采矿业部门生产 1 单位总产出对炼焦、燃气及石油加工业部门产品的消耗量	0.03	0.03	0.04
采矿业部门生产 1 单位总产出对化学工业部门产品的消耗量	0.04	0.04	0.04
采矿业部门生产 1 单位总产出对非金属矿物制品业部门产品的消耗量	0.01	0.01	0.01
采矿业部门生产 1 单位总产出对金属产品制造业部门产品的消耗量	0.05	0.05	0.05
采矿业部门生产 1 单位总产出对机械设备制造业部门产品的消耗量	0.06	0.1	0.1
采矿业部门生产 1 单位总产出对建筑业部门产品的消耗量	0	0	0
采矿业部门生产 1 单位总产出对运输仓储邮政、信息传输、计算机服务和软件业部门产品的消耗量	0.03	0.04	0.04
采矿业部门生产 1 单位总产出对批发零售贸易、住宿和餐饮业部门产品的消耗量	0.02	0.02	0.02
采矿业部门生产 1 单位总产出对房地产业、租赁和商务服务业部门产品的消耗量	0.02	0	0
采矿业部门生产 1 单位总产出对金融业部门产品的消耗量	0.03	0.01	0.01
采矿业部门生产 1 单位总产出对其他服务业部门产品的消耗量	0.02	0.02	0.02

资料来源：国家统计局公开信息。

1958 年，赫希曼扩展了产业关联理论，基于产业投入和产出关系的视角提出了前向关联和后向关联的概念，如果某一产业的产品可以作为另一产业的中间产品，那么，该产业就是另一产业的后向关联产业，而另一产业是该产业的前向关联产业。赫希曼在《经济发展战略》一书中提出了赫希曼基准（又称关联效应标准），指某一产业的经济活动能够通过产业之间相互关联的活动效应影响其他产业的经济活动。关联效应较高的产业通过前向关联、后向关联和旁侧关联对其他产业和部门产生影响，当其他产业与主导产业形成密切的技术经济联系时将促进整个区域经济的发展。对于矿产资源丰裕的地区，采矿业是该地区的主导产业，采矿业发展对其前后关联产业有着非常重要的作用，阿拉贡和茹德（Aragon and Rud，2013）研究考察了秘鲁大型金矿企业对当地经济的影响，采用1997~2006年的年度家庭数据，发现矿产对当地收入有正向的影响，其研究结果强调了采掘业后向联系的潜力。奥尔科特和凯尼斯顿（2014）使用石油和天然气禀赋方面的新数据并结合制造业微观数据，研究发现石油和天然气的繁荣期对关联企业有正向的影响而对非关联企业则没有影响。阿希尔和诺沃萨德（2014）使用国际矿物价格以及矿产储存位置作为地下自然资源的工具变量，研究发现资源繁荣时带来的经济增长效果是显著的，同时会使得劳动力在上游行业以及采掘业之间重新配置，但是对服务业有显著的负向作用。本书也重点考察了矿产行业的发展对其上下游关联产业的影响。

第 4 章　采矿业繁荣与财政收入

有较多文献提到了资源价格波动对地方政府财政收入和税收的影响，但是很少有文献去检验这种影响到底有多大，随着矿产价格上涨，矿产资源丰裕地区其他的收入来源是否也会受到影响。本章利用县市层面的数据进行了实证检验，并进一步分析了资源价格波动对非税收入、转移支付、税收分成的影响以及分样本检验了地区间的差异。

4.1　问题的提出

矿产资源性收入是资源型地区重要的财政收入来源。在我国大多数产煤城市，煤炭和电力两项工业产值占据了工业总产值的较大比例，像攀枝花、铜陵、白银、东川等主要的冶金城市，其矿产品加工业和采掘业占工业总产值的比重超过了 50%。由于自然资源具有一定的垄断性和稀缺性，其价格具有较强的波动性。资源价格波动势必会对当地财政收入产生一定的冲击。从2013 年开始，受到国际石油、煤炭等能源价格持续下滑的冲击，我国一些资源型地区的财政收入也出现了明显下跌。以安徽省淮南市为例，伴随 2013年国际石油、煤炭价格的下跌，2014 年淮南市的财政收入直接由 2013 年的170 多亿元降至 120 多亿元，直接减少 50 多亿元。①

----

① 资料来源：2015 年《淮南统计年鉴》。

资源价格的波动主要通过直接和间接两个渠道来影响地方政府财力。直接渠道主要影响企业的税和费。一方面，资源价格的波动会直接通过影响企业的盈利状况来影响企业所缴纳的各项税收，包括企业所得税、增值税、营业税、关税、资源税等，其中企业所得税和增值税的比重最大；另一方面，与资源价格直接相关的是矿产企业所缴纳的各项费用。第一种费是探矿权采矿权价款，其计价基础是评估价值，即资源价格上涨时评估价值高，企业缴纳的价款也高。第二种费是矿产资源补偿费是针对石油矿区征收费率一般在0.5%~4%，平均费率为1.18%，与资源价格正相关。第三种是特别收益金，主要对价格超过一定水平所获得的超额收入按比例征收的收益金，也与资源价格高度相关。除此之外，还包括罚没收入、超标排污费、采矿权使用费，这些费用的征管比较灵活，随机性强，与地方政府财力直接相关。

间接渠道主要通过影响其他因素进而影响地方政府的财政收入，一方面资源价格波动会间接通过企业盈利状况来影响当地居民的生活水平，进而影响个人所得税规模。另一方面，地方政府除资源收入外的其他收入来源也会间接受到资源价格波动的影响。如转移支付水平中一般性转移支付与地区人均 GDP、人均财政收入、公共服务水平等高度相关，资源价格波动会对资源型地区的财力造成冲击，对地方经济发展以及公共品提供均产生影响。

地方财力的变化会影响上下级政府之间收入划分方式。由于各个省内上下级地方政府之间税收分成比例不是全国统一规定的，即税收分成比例是存在弹性的，实际比例往往是上下级政府之间讨价还价的结果。上级政府可能会根据地方财力的变化来调整税收分成比例的大小，当资源价格上涨时，地方政府财力充裕，上级政府可能减少地方的留成比例，从地方抽取更多的收入；反之当资源价格下跌时，地方政府面临财政压力，中央会增加地方的留成比例。

4.2 实证模型和策略

为了研究矿业产值对县级财政收入以及不同来源财力的影响，本章建立了如下回归方程：

$$Y_{it} = \alpha_0 + \beta_0 X_{it} + \sum_{j=1}^{n} \theta_j \cdot Z_{it} + \eta_i + \lambda_t + \varepsilon_{it} \qquad (4-1)$$

其中，Y_{it} 是人均财政收入、非税收入、转移支付、税收分成等被解释变量，X_{it} 是核心解释变量，表示每个县每年的矿产行业产值，Z_{it} 表示一系列控制变量。根据相关文献的研究，除了矿业产值以外，还有产业结构、城市化率、人口等因素也会影响主要的被解释变量，因此在回归中本章尽可能控制了这些因素的影响。i 表示第 i 个县，t 表示年份，η_i 表示县的固定效应，λ_t 表示年份的固定效应，ε_{it} 表示随机扰动项。系数 β_0 表示矿业产值对财政收入的影响，这是本章最关心的系数。

在式（4-1）中，由于矿业产值变量具有内生性问题，如果不解决很可能得出完全错误的结论。资源性收入的内生性来源于以下两个方面：第一，虽然本章可能控制了既影响矿业产值又影响财政收入的变量，但是仍然可能存在一些本章并未观察到或双向固定效应未捕捉到的因素，从而导致遗漏变量问题；第二，矿业产值与财政收入之间存在明显的双向因果关系，地方资源性收入会影响当地财政收入，财政收入提高会通过税收等途径间接影响矿产企业的行为，从而影响其经济效益。为了解决双向因果和遗漏变量偏误问题，本章通过寻找矿业产值的工具变量来缓解内生性估计偏误。

工具变量的有效性需要满足两个假设。第一，必须满足相关性假设，在全球市场上，中国是矿产价格的接受者，国内资源市场价格直接受到国际市场资源价格的影响，两者之间高度相关，从图 3-1 和图 3-2 可知国际煤炭价格和国内价格趋势几乎完全一致。本章实证检验了中国矿业产值与世界资源价格波动之间的相关关系，两者在 1% 水平下正相关，相关系数为 0.40，说明两者相关性较高。后文的实证结果中也估计了第一阶段 F 值，数值均高于 10。第二，满足排他性假设，尽管中国煤炭产量在全世界排名较高，但是煤炭主要供给于国内市场（Cornot-Gandolphe，2014）。本章在稳健性检验中剔除了煤炭产量较高的县市，结果依旧稳健。此外，随着中国经济实现高速发展，对能源的需求量不断增加，对国际能源的供给与需求产生了很大影响，从国家层面来看中国经济发展对国际市场资源价格产生了很大影响，但是由于本章研究的是县级层面的样本，县市的经济发展不足以改变世界能源价格水平，故这种双向因果关系在本章中非常小。此外，为了尽可能减少遗漏变量对回归结果产生影响，本章尽可能多地控制了县层面的一些经济变量指标。

接下来，本章需要在两阶段最小二乘法的第一阶段利用式（4-2）证明矿物价格的波动的确会影响矿业产值。

$$X_{it} = \alpha_1 + \beta_1 \ln(p_t) \times \overline{q_{l,1995}} + \sum_{j=1}^{n} \theta_j \cdot Z_{it} + u_i + v_t + \epsilon_{it} \qquad (4-2)$$

式（4-2）中，主要的解释变量是每种矿产资源价格 $\ln(p_t)$ 与相应矿物的初始产量 $\overline{q_{l,1995}}$ 的乘积，这里的 p_t 是每个县（市）生产主要矿物国际资源价格按当年美元兑人民币的汇率折算成以人民币为单位的价格，$\overline{q_{l,1995}}$ 表示对应的矿物的人均初始产量。其他控制变量与式（4-1）相同，u_i 表示县的固定效应，v_t 表示年份的固定效应，ϵ_{it} 表示随机扰动项。

4.3　变量选取

本章主要的被解释变量是人均矿业产值，具体测算方法见第 3 章（3.2.1）。主要的因变量包括人均财政收入、人均非税收入、人均转移支付、人均一般性转移支付、人均专项转移支付。人均财政收入数据来源于《中国县市社会经济统计年鉴》。非税收入用财政收入与税收收入的差额来表示。一般性转移支付包括均衡性转移支付、原体制补助、民族地区转移支付补助、调整工资转移支付补助、农村税费改革转移支付补助、取消农业特产税与降低农业税税率转移支付补助、缓解县乡财政困难转移支付补助、农村义务教育补助、增发国债补助、结算补助和企事业单位预算划转补助等。专项转移支付是指《全国地市县财政统计资料》中的"专项补助"这一数值。

根据相关文献的研究，还有其他一些变量也会影响到财政收入的规模。因此，本章选取了产业结构、城市化率、非矿产业收入、全社会固定资产投

资占 GDP 的比重、外商投资占比等作为控制变量。其他产业收入本章使用
人均 GDP 与人均矿业产值的差值来衡量,用以反映其他产业的经济发展情
况。产业结构用第三产业增加值比第二产业增加值来衡量,反映一个地区产
业结构优化和产业升级能力。城市化率用非农人口和总人口的比重来衡量。
全社会固定资产投资占比反映一个地区的物质资本的投入。外商投资占比根
据工业企业数据库中该县市所有企业港澳台资本与外商资本金之和与实收资
本的比重来衡量,可以反映一个地区的国际市场化程度。此外,本章还控制
了该县市的固定效应和时间的固定效应,考虑到随时间变化的遗漏变量会同
时影响国际价格以及主要的被解释变量,因此,在回归中本章使用了省份 ×
年份的固定效应来减少这方面的偏误。

　　样本选择方面,本章数据包括中国 30 个省份 1842 个县市的数据,其
中,由于西藏很多数据缺失故没有考虑进来。此外,由于财政各项支出数据
只有到 2006 年,为了与后面的结果一致,本章选取样本期是 1998～2006
年。本章所考虑的矿物①中,天然气、石油、铁矿、其他黑色金属矿、煤炭、
铜、锡矿、金矿、银矿、锌铅矿、镍矿、锑矿以及铝矿的价格数据来自世界
银行大宗商品价格数据集,钨矿价格来自 UNCTAD②。矿业产值是根据《中
国工业企业年鉴》中按照行业代码加总每种矿物的矿业产值总额,在使用工
业企业数据库之前,本章对数据进行了预处理,首先删除了工业销售额、中
间投入品总额、营业收入、固定资产总额、就业人数、出口额等指标中任意
一项小于零或者数据缺失的样本。其次,将企业就业人数小于 8 人的企业进
行了剔除。再次,将企业工业销售总额低于企业出口额的样本进行了删除。
最后,为了消除价格因素的影响,各年份的经济指标均使用了分省的 GDP
平减指数,将各指标分别调整为以 1998 年为基期的价格水平。财政收入数
据来自《中国区域统计年鉴》和《中国县域统计年鉴》,转移支付数据以及
税收收入来自 1998～2006 年《全国地市县财政统计资料》,固定资产投资、

---

　　①　本章没有考虑其他矿物如非金属矿物、镁矿、其他重有色金属矿、其他贵金属矿、稀土金
属矿、其他稀有稀土金属矿、其他矿物。1995 年全国工业普查年鉴中计算得到这些矿物销售产值占
比为 11. 78%,所占比重较低,对本章的实证结果没有影响。

　　②　http://unctadstat. unctad. org/EN/Infographics. html。

第二产业增加值、第三产业增加值、GDP、人口等数据来自 1999 ~ 2007 年《中国县域统计年鉴》。

本章使用的主要被解释变量和解释变量均为水平值，主要原因在于本章想捕捉到价格波动对地方财政行为的影响。由于是水平值，因此有些变量可能会存在极端值，为了剔除极端值的影响，本章对各指标最大和最小值的 0.5% 样本分别进行 Winsorize 中心化处理，并且将落在（1%，99%）之外的观测值分别替换为 1% 和 99% 分位上的数值。此外，有些县部分指标数据是缺失的，本章根据邻近年份的平均增长率进行了补充，有些县市数据是连续几年缺失，为了不带来偏误，对于这种情况本章未进行补充。

4.4 实证分析结果

本章重点考察了资源价格波动对财政收入的影响，紧接着分析了其对各项税收收入的影响，由于非税收入也是政府收入的来源之一，因此，有必要进一步研究资源价格波动对非税收入的影响，然后本章研究了资源价格波动对地方政府转移支付的影响以及对税收分成的影响。所有结果均包含 OLS 估计和 IV 估计两部分，并且汇报了不加控制变量和逐步加入不同控制变量后的结果。本章的基准结果是基于二阶段最小二乘法 IV 估计的结果。

4.4.1 资源价格波动与财政收入

首先对资源价格波动与财政收入的关系进行了实证检验（见表 4 - 1），表 4 - 1 前半部分汇报了 OLS 估计的结果，列（1）为不加其他控制变量的回归结果，人均矿业产值每增加 100 元，财政收入增加约 6 元，当依次加入产业结构、非矿收入、城市化率等不同的控制变量，且同时控制县市和年份的固定效应以及省份×年份的固定效应，结果均非常稳健，且均在 1% 的显著性水平下显著。由于存在内生性问题，OLS 估计结果会存在偏误，因此为了解决内生性问题，本章使用矿产价格作为矿业产值的工具变量，首先检验了工具变量与主要解释变量是否相关即第一阶段回归结果（见表 4 - 3），结果表明矿产资源价格与矿产行业产值是显著正向相关关系，并且在不同控制变量下回归结果均在 1% 统计水平下显著，并且 F 值均高于 10，说明工具变量是强工具变量。表 4 - 1 后半部分汇报了 IV 估计回归结果，具体地，列（1）结果显示不加任何控制变量时，人均矿业产值每增加 100 元，人均财政收入将显著增加约 8.6 元，依次加入不同的控制变量下，回归结果非常显著，当加入产业结构、非矿收入以及城市化率等控制变量后，人均矿业产值每增加 100 元会使得人均财政收入增加约 8 元。

表 4 - 1　　　　　　资源价格对财政收入的 IV 估计结果

变量	(1)	(2)	(3)	(4)
	财政收入	财政收入	财政收入	财政收入
OLS				
人均矿业产值	0.060 *** (0.0050)	0.074 *** (0.0045)	0.074 *** (0.0045)	0.073 *** (0.0045)
非矿收入		0.0395 *** (0.0024)	0.0396 *** (0.0024)	0.0397 *** (0.0024)
产业结构		11.55 ** (4.961)	11.43 ** (4.966)	10.53 ** (4.930)
城市化率			0.605 (0.417)	0.621 (0.417)
外商投资占比				0.0803 (0.237)
固定资产投资占比				0.579 *** (0.126)
观测值	16412	16412	16412	16412
R^2	0.851	0.897	0.897	0.897
2SLS				
人均矿业产值	0.086 *** (0.013)	0.084 *** (0.012)	0.085 *** (0.012)	0.085 *** (0.012)

变量	(1)	(2)	(3)	(4)
	财政收入	财政收入	财政收入	财政收入
			2SLS	
人均非矿产值		0.041 ***	0.041 ***	0.041 ***
		(0.003)	(0.003)	(0.003)
产业结构		8.507	8.200	7.386
		(5.616)	(5.631)	(5.602)
城市化率			0.684	0.698 *
			(0.420)	(0.419)
外商投资占比				0.064
				(0.239)
固定资产投资占比				0.547 ***
				(0.128)
观测值	16412	16412	16412	16412
R^2	0.846	0.896	0.896	0.897

注：回归中包含了常数项但本表并未报告；***、**、* 分别表示在1%、5%和10%水平下显著；括号内数字为聚类标准误，cluster 到县市层面。

本章根据规模以上工业企业数据库中提供的所有矿产企业的企业所得税、增值税以及主营业务税金及附加[①]与矿产销售额历年的占比（见表4-2），地方政府只能留存一部分企业税收，其余需上交中央。在 2002 年所得税改革之前，根据中央和地方共享收入分配，增值税的 75% 划归中央，地方 25%；企业所得税的 60% 划归中央，地方 40%；营业税和城市维护建设税中除铁道部、各银行总行、各保险公司集中缴纳的部分归中央外，其余归地方。根据各税收收入占比，本章测算了当矿业产值增加 100 元，会使得地方政府财政收入实际增加的幅度（见表4-3）。在所得税分享改革之前，当矿业产值增加 100 元时会使得地方最终留存的增值税和所得税之和增加 3.3~5 元，

---

① 主营业务税金及附加包括营业税、消费税、城市维护建设税、资源税、土地增值税和教育费附加及地方教育附加。

留存的营业税金及附加增加约 2 元，因此地方政府总的财政收入增加 5.5~7 元。所得税分享改革之后，矿产收入增加 100 元会使得地方留存的所得税和增值税之和增加 1.64~3.5 元，留存的营业税金及附加增加约 2 元，因此地方政府总的财政收入增加 2.64~5.5 元。因此本章估计的财政收入的回归系数是比较符合实际情况。OLS 估计结果比 IV 估计结果要小，说明 OLS 低估了回归结果，但是两者相差很小，说明本章使用的工具变量是有效的。其他控制变量符号为正，符合经济学常识，伴随着产业结构的优化，会对经济增长起到重要的推动作用，从而增加当地政府的财政收入。其他非矿产业的发展也会显著提升当地的财政收入规模。城市化率系数不是很显著，可能是指标之间存在一定的相关性导致结果不显著。一个地方第三产业比重越大，其城市化水平相应越高。

表 4-2　　　　　　　　　　各种税收占比

1998~2002 年					
变量	平均值	标准差	最小值	最大值	观测值数量
企业所得税/矿业产值	0.022	0.005	0.014	0.028	8191
增值税/矿业产值	0.080	0.004	0.074	0.087	8191
2003~2006 年					
企业所得税/矿业产值	0.026	0.006	0.016	0.036	14395
增值税/矿业产值	0.071	0.012	0.039	0.081	14395
主营税金及附加/矿业产值（1998~2006 年）	0.023	0.004	0.015	0.029	22586

资料来源：中国规模以上工业企业数据库。

表 4-3　　　　　　　　　　第一阶段估计结果

变量	(1)	(2)	(3)	(4)
	人均矿业产值	人均矿业产值	人均矿业产值	人均矿业产值
矿产资源价格×产量	0.925 *** (0.133)	0.873 *** (0.118)	0.869 *** (0.119)	0.868 *** (0.119)

续表

变量	(1) 人均矿业产值	(2) 人均矿业产值	(3) 人均矿业产值	(4) 人均矿业产值
产业结构		337.9*** (50.53)	338.9*** (50.81)	334.4*** (51.01)
非矿收入			-4.191 (4.498)	-4.141 (4.498)
城市化率		-0.183*** (0.027)	-0.183*** (0.027)	-0.182*** (0.027)
外商投资占比				1.965 (1.468)
固定资产投资占比				2.278** (1.147)
观测值	16412	16412	16412	16412
R^2	0.743	0.767	0.767	0.767
F	48.28	54.36	53.64	53.46

注：回归中包含了常数项但本表并未报告；***、** 分别表示在 1%、5% 水平下显著；括号内数字为聚类标准误，cluster 到县市层面。

表 4-4 汇报了 Reduce-form 的估计结果，从表 4-4 可知资源价格上涨会显著提高地方政府的财政收入，具体地，控制了县市和时间的固定效应以及省份与时间交乘项的固定效应之后，矿产资源价格上涨一个单位会使得地方财政收入显著增加约 0.075 个单位。并且本章加入产业结构、非矿产收入、城市化率、全社会固定资产投资占比以及外商投资占比等不同的控制变量后，结果依旧非常稳健，均在 1% 的统计水平下显著。

表 4-4　　　　　　　资源价格对财政收入的 Reduce-form 结果

变量	(1) 财政收入	(2) 财政收入	(3) 财政收入	(4) 财政收入
矿产资源价格×产量	0.080*** (0.015)	0.075*** (0.014)	0.075*** (0.014)	0.075*** (0.014)

续表

变量	（1）	（2）	（3）	（4）
	财政收入	财政收入	财政收入	财政收入
产业结构		29.94 *** (6.626)	29.87 *** (6.652)	28.58 *** (6.638)
非矿收入		0.032 *** (0.003)	0.032 *** (0.003)	0.032 *** (0.003)
城市化率			0.369 (0.582)	0.391 (0.581)
外商投资占比				0.178 (0.243)
固定资产投资占比				0.765 *** (0.156)
观测值	16412	16412	16412	16412
R^2	0.829	0.863	0.863	0.864

注：回归中包含了常数项但本表并未报告；*** 表示在 1% 的水平下显著；括号内数字为聚类标准误，cluster 到县市层面。

　　资源价格上涨导致地方财政收入增加，首先会使得地方政府的税收收入增加，为此，本章也进行了相关的检验，结果见表 4-5。从表中可知当加入城市化率、产业结构、非矿收入、全社会固定资产投资占比和外商投资占比等控制变量后，人均矿业产值增加会显著增加当地政府总的税收收入，具体地，人均矿业产值每增加 100 元，当地政府的税收收入会显著增加约 8.2 元，且估计结果在 1% 的统计水平下显著。将税收进行分类后进行估计时，表 4-5 列（2）至列（7）显示，人均矿业产值对增值税影响的幅度最大。具体地，当人均矿业产值增加 100 元时，增值税收入增加约 2.5 元，营业税显著增加约 0.6 元；企业所得税显著增加 0.5 元，个人所得税增加 0.1 元，其他税收收入增加 2.1 元，回归结果至少在 5% 的显著水平下显著。城市维护建设税增加 0.2 元，但是回归结果不显著。当矿业产值增加 100 元，根据表 4-2 增值税占比，最终地方留存增值税收入增加约 2 元，根据所得税占比最终地方留存所得税收入增加 0.64～1.44 元[1]，回归结果与根据表 4 - 2 测算出来的实际值非常接近。控制变量产业结构升级对营业税和个人所得税的影响非常显著，由于产业结构的优化能够提高创税能力，高科技、房地产等高税负和税收能力强的产业和行业比重的提高会显著提高税收收入的增长。非矿收入和城市化率也会显著提高总的税收收入，城市化率提高 1 个百分点，人均税收收入增加 1.458 元。

表 4 - 5　　　　　　　　　　各项税收收入

变量	(1) 人均税 收收入	(2) 人均 增值税	(3) 人均 营业税	(4) 人均企业 所得税	(5) 人均个人 所得税	(6) 人均城市 维护建设税	(7) 人均其他 税收收入
人均矿 业产值	0.082 *** (0.018)	0.025 *** (0.008)	0.006 ** (0.003)	0.005 ** (0.003)	0.001 ** (0.000)	0.002 (0.001)	0.021 *** (0.006)
产业结构	13.488 (14.936)	2.548 (4.540)	3.362 ** (1.633)	1.763 (1.273)	0.814 ** (0.388)	-0.818 (0.999)	2.525 (4.303)
城市化率	1.458 ** (0.603)	0.247 (0.165)	0.522 ** (0.232)	-0.175 * (0.097)	-0.061 * (0.036)	0.229 * (0.130)	0.370 (0.255)
非矿收入	0.044 *** (0.005)	0.011 *** (0.002)	0.008 *** (0.002)	0.001 ** (0.001)	0.001 *** (0.000)	0.003 *** (0.001)	0.014 *** (0.002)
外商投 资占比	-0.097 (0.417)	-0.066 (0.061)	-0.060 (0.095)	-0.036 (0.043)	0.011 (0.020)	-0.035 (0.063)	0.086 (0.176)
固定资产 投资占比	0.537 *** (0.184)	-0.052 (0.067)	0.199 *** (0.056)	-0.029 (0.025)	0.008 (0.009)	-0.013 (0.032)	0.340 *** (0.087)
观测值	16412	16412	16412	16412	16412	16412	16412
R^2	0.789	0.713	0.755	0.773	0.842	0.677	0.706

注：回归中包含了常数项但本表并未报告；***、**、* 分别表示在1%、5% 和10% 水平下显著；括号内数字为聚类标准误差，cluster 到县市层面。企业所得税1998 年、1999 年和2000 年均没有直接统计，但是县市财政统计资料中财政收入下有企业收入这个指标，并且比较了2001～2004 年其和企业所得税的数值非常接近，因此在这里1998～2000 年用企业收入近似代替企业所得税收入，这里的各项税收收入缺失值均用上下年份均值代替，由于税收收入还包括农业税（2004 年之前）、契税、耕地占用税，由于与本章研究的内容没有太多相关性，故没有对这几项税收进行研究，因此列（2）至列（7）系数之和低于列（1）的系数。

――――――――――

[1]　0.64 = 0.014 × 100 × 0.4，1.44 = 0.036 × 100 × 0.4。

4.4.2　资源价格波动与非税收入

税收和非税收入都是政府公共收入的组成部分，合理的非税收入在一定程度上可以弥补地方政府财力的不足，为地方政府提供公共服务增加财力保障，但是中国非税收入与国际水平相比属于较高水平。非税收入的征管相对灵活，那么是否非税收入会伴随地方政府资源收入的波动而出现调整呢？

由于中国分税制改革中有关政府间收入的划分存在一些不合理和不规范的地方，主要表现在地方财政收入结构中缺乏自主安排的主体税种。地方税收收入的主要来源是共享税，而地方政府在征收共享税时的努力程度要低于征收自有税种的努力程度，所以导致地方财政收支失衡程度进一步加重。此外，中央政府设立了统一的税种目录，由于不同地方的经济环境不一样，因此同样的税源不一定在每个地方都存在。即使地方政府设有该税源，由于中央立法相对滞后，地方政府为了维持财政开支，不得不通过开征各种名目的费和基金来扩充自身财力。除此之外，由于有些经济落后的地区，其经济薄弱、税基窄、自有税收严重不足，再加上中央拨付的转移支付不一定能有效到达，加之是转向转移支付需要相应的配套资金，因此，财力较弱的地方很难获得这部分转移支付。此外，中央往往把财力上移把事权下移，加剧了地方政府的财力负担。为了面对越来越沉重的财政支出压力，地方政府不得不转向对非税收入的征管，从而导致非税收入规模的扩大。地方政府有较大的权限来征收管理非税收入，且在支出安排上有较大的自由度。[①] 当地方财政支出压力不断增大时，地方政府会倾向于运用自主权限更大、监管力度更低的非税收入来弥补地方财力的不足。据 2015 年统计数据：福建非税收入增幅达到 9.3%，远高于税收收入的增幅（2.9%）；内蒙古非税收入增幅达到 8.5%，高出税收收入增幅 2.9 个百分点；甘肃非税收入增幅达到 17.4%，

---

① 如山西的"煤炭可持续发展基金"，是由省财政部门委托省地方税务局具体组织基金征收工作。基金征收主体为省人民政府，省政府部门负责基金的征收和预算管理，省发展改革部门负责基金使用的综合平衡和计划管理，省人民政府相关部门负责本行业和领域项目的组织和实施。

而税收收入增幅仅为 8.1%。[①]

现有文献中有很多研究者研究发现非税收入会随着地方财力的变动进行相应的调整，如王志刚和龚六堂（2009）通过中国省级层面的数据研究发现上级与下级政府财政收支越不平衡，即省级支出中来源于中央政府的转移支付比重越低，越会显著提高非税收入比重，财政自由度增加 1% 会使得非税收入比例下降 1.1% ~ 1.5%。白宇飞等（2009）研究发现转移支付的增加会对非税收入产生抑制作用。王佳杰等（2014）研究发现非税收入规模会伴随地方政府之间的税收竞争强度以及财政支出压力的增加而扩张，提高地方收入自给率，则能够抑制地方对非税收入的依赖。那么伴随着资源收入的增加，地方非税收入是否会相应发生改变呢？

接下来本章主要研究了资源性收入对地方政府非税收入的影响，根据财政部在 2004 年颁发的《关于加强政府非税收入管理的通知》，非税收入的范围包括涉及资源开采、行政事业性收费收入、政府性基金收入、矿山安全卫生检验费、国有资源（资产）有偿使用收入、采矿权使用费、超标排污费、矿山救护费、以政府名义接收的捐赠收入、主管部门集中收入等。非税收入科目繁多，数额较大，成为资源型地区财政收入的重要补充。本章根据《全国地市县财政统计资料》中提供的预算财政收入减去税收收入计算得到该地方的非税收入，这里计算的非税收入中还包括资源税等小税种，因此实际结果要低于计算值，但是偏差较小。本章根据模型（4 - 1），将其中的被解释变量换成非税收入进行了估计，回归结果见表 4 - 6。从表 4 - 6 结果可知，人均矿业产值增加会显著增加地方政府非税收入，具体地，人均矿业产值每增加 100 元，会使得非税收入增加约 2 元，且回归结果至少在 1% 的统计水平下显著。尽管矿产资源价格的上涨会使得地方财政收入增加，但是对非税收入的征管并没有下调。说明资源繁荣时期地方政府会更可能通过非税收入对市场活动进行干预，以获得更多收入。

---

① 资料来源：严丽梅，31 省区市 2015 年一般公共预算收入出炉　广东连续 25 年全国居首 [N]. 中国日报，2016 - 2 - 4.

表 4 – 6　　　　　　　　　　　对非税收入的影响

变量	(1) 人均非税收入	(2) 人均非税收入	(3) 人均非税收入	(4) 人均非税收入
人均矿业产值	0.019 *** (0.005)	0.021 *** (0.005)	0.021 *** (0.005)	0.021 *** (0.005)
产业结构		5.187 (4.131)	5.091 (4.149)	4.537 (4.103)
非矿收入		0.013 *** (0.001)	0.014 *** (0.001)	0.014 *** (0.001)
城市化率			0.285 (0.248)	0.294 (0.247)
外商投资占比				0.095 (0.175)
固定资产投资占比				0.346 *** (0.087)
时间固定效应	是	是	是	是
县的固定效应	是	是	是	是
观测值	16412	16412	16412	16412
R^2	0.673	0.707	0.707	0.708

注：回归中包含了常数项但本表并未报告；***、**、*分别表示在1%、5%和10%水平下显著；括号内数字为聚类标准误，cluster 到县市层面。

非税收入增加的原因，本章认为主要包括以下两个方面：一方面，资源丰裕地区往往制度环境较差，社会监督和监管不强，导致不规范的非税收入规模增加；另一方面，资源丰裕地区虽然资源收入增加了，但其基础设施薄弱、公共品不足，地方政府财权和事权不对等，进一步加重了地方政府的负担，与此同时，地方寻租性腐败日益严重，地方政府支出项目繁多，正常支出项目资金不足，故不得不加大对非税收入的征管，从而导致非税收入的膨胀。

4.4.3　资源价格波动与转移支付

财政转移支付制度是为了缩小地区之间的发展差距和实现公共服务均等化目标而实行的一种财政资金转移或财政平衡制度。转移支付也是地方政府的重要财力来源之一，尤其对于大多数西部地区。转移支付数额的确定目前大部分实行的是"因素法"，主要考虑影响较大、可量化的、根据全国统一的客观因素，主要包括基础性因素（如土地面积、人口等）、社会因素（例如教育、卫生等）、经济发展因素（工农业生产总值、人均 GDP 等）以及其他特殊因素。对这些因素进行量化打分，得到一个综合指标，以此来确定转移支付的标准。那么如果一个地区资源性收入出现大幅度上涨，是否会直接影响该地方获得的转移支付水平呢？下面本章主要研究资源性收入波动对地方政府转移支付的影响。

表 4 - 7 是矿业产值对转移支付的回归结果，从结果可知，矿业产值对地方政府转移支付的系数为正，加入产业结构、非矿产收入以及城市化率等控制变量之后，回归结果至少在 5% 的统计水平下显著，具体地，当人均矿业产值增加 100 元时，人均转移支付会显著增加约 3 元。从这个结果来看，资源丰裕地区转移支付不但没有减少反而增加了，可能的原因在于资源丰裕地区主要是中西部地区，资源价格的上涨所带来的资源性收益增加并没有很大程度上改善当地的公共服务水平。随着经济的发展，资源丰裕地区与其他地区之间的公共服务差距依然在不断扩大，故中央给予的转移支付反而会增加。

表 4 - 7　　　　　　　　　资源收入对转移支付的实证影响

变量	(1)	(2)	(3)	(4)
	转移支付	转移支付	转移支付	转移支付
人均矿业产值	0.031 *** (0.012)	0.032 ** (0.013)	0.028 ** (0.012)	0.027 ** (0.012)

续表

变量	（1）	（2）	（3）	（4）
	转移支付	转移支付	转移支付	转移支付
产业结构		−2.942 （4.800）	−1.433 （4.642）	−2.636 （4.622）
人均非矿收入		0.003 （0.002）	0.002 （0.002）	0.002 （0.002）
城市化率			−3.354 *** （0.657）	−3.333 *** （0.654）
外商投资占比				−0.103 （0.223）
固定资产投资占比				0.805 *** （0.186）
观测值	16412	16412	16412	16412
R^2	0.906	0.906	0.908	0.908

注：回归中包含了常数项但本表并未报告；*** 、** 分别表示在 1%、5% 水平下显著；括号内数字为聚类标准误，cluster 到县市层面。

本章将转移支付划分为专项转移支付和一般性转移支付，结果显示（见表 4 - 8）人均矿业产值增加对专项转移支付的影响为正。具体地，当不加入任何控制变量时，人均矿业产值每增加 100 元，会使得人均专项转移支付显著增加约 1 元，回归结果在 5% 的统计水平下显著。逐渐加入其他控制变量后，回归结果变得不再显著，系数波动幅度不大。

表 4 - 8　　　　　　资源性收入对专项转移支付的实证结果

变量	（1）	（2）	（3）	（4）
	专项转移支付	专项转移支付	专项转移支付	专项转移支付
人均矿业产值	0.011 ** （0.005）	0.011 * （0.006）	0.009 （0.006）	0.009 （0.006）

续表

变量	（1）	（2）	（3）	（4）
	专项转移支付	专项转移支付	专项转移支付	专项转移支付
产业结构		−0.575 （2.119）	0.077 （2.094）	−0.278 （2.096）
人均非矿收入		0.003 *** （0.001）	0.003 *** （0.001）	0.003 *** （0.001）
城市化率			−1.437 *** （0.253）	−1.430 *** （0.254）
外商投资占比				0.019 （0.097）
固定资产投资占比				0.236 *** （0.073）
观测值	16376	16376	16376	1676
R²	0.854	0.855	0.857	0.857

注：回归中包含了常数项但本表并未报告；*** 、** 、* 分别表示在1%、5%和10%水平下显著；括号内数字为聚类标准误，cluster 到县市层面。

表4-9 汇报了矿业产值对一般性转移支付的影响，发现矿产资源价格上涨对一般性转移支付有显著的正向作用，矿业产值每增加100元会使得一般性转移支付显著增加2元，回归结果至少在5%的统计水平下显著。从表4-8和表4-9可知资源价格波动对不同类型的转移支付有异质性的影响，本章认为主要有以下两个原因：一是资源丰裕的地区主要集中在西部，而西部地区的公共服务以及基础设施依旧落后，与东部和中部相比仍然存在较大差距；二是一般性转移支付直接与地方的经济发展水平挂钩，即经济发展水平越差的地区的一般性转移支付较多，而经济发展水平越好的地区的一般性转移支付较少。很有可能资源丰裕地区经济发展并没有得到改善，因此，均衡性转移支付反而会增加。

表 4 - 9　　　　　　　　　　　资源性收入对一般性转移支付

变量	(1)	(2)	(3)	(4)
	一般性转移支付	一般性转移支付	一般性转移支付	一般性转移支付
人均矿业产值	0.020 *** (0.007)	0.021 *** (0.008)	0.019 ** (0.007)	0.018 ** (0.007)
产业结构		- 3.424 (3.581)	- 2.596 (3.485)	- 3.421 (3.466)
非矿收入		- 0.0004 (0.002)	- 0.0007 (0.002)	- 0.0006 (0.0017)
城市化率			- 1.825 *** (0.491)	- 1.810 *** (0.489)
外商投资占比				- 0.120 (0.159)
固定资产投资占比				0.546 *** (0.141)
观测值	16376	16376	16376	16376
R^2	0.893	0.893	0.894	0.894

注：回归中包含了常数项但本表并未报告；*** 、** 、* 分别表示在1%、5%和10%水平下显著；括号内数字为聚类标准误，cluster 到县市层面。

综合来看，资源价格的上涨主要是直接提高了地方政府的税收收入，尤其是增值税收入提升最为明显。但是增值税并不是完全归地方所有，所有行业企业缴纳的增值税均纳入中央和地方共享范围，在营改增之前，中央分享增值税的75%，地方作为税收缴纳地分享增值税的25%。营改增之后，中央和地方是五五分成。企业所得税中央和地方分别为60%和40%，营改增之前营业税完全归地方所有。中央和地方之间的分成比例是固定的，但是省级和地方之间税收的分成比例往往是有弹性的。接下来，本章重点研究资源价格上涨对地方税收入分成的影响。

4.4.4 资源价格波动与税收分成

本章使用微观数据论证了资源性收入波动对地方政府税收分成的影响，实证研究发现，随着资源价格上涨，地方政府增值税收入分成比例会下降。

1994 年 1 月 1 日起，中国开始改革地方财政包干体制，对各省、自治区、直辖市以及计划单列市实行分税制财政管理体制。由于各地经济发展水平不同，各级政府最初承担的责任也不同，使得省以下的纵向财力失衡和横向财力失衡现象比较严重，省以下的财政体制运行并不顺畅，上述问题最终在 2000 年左右以县乡财政困难的形式集中体现出来，各地强烈希望中央尽快完善省以下财政管理体制。针对这种情况，国务院在 2002 年底印发了《国务院批转财政部关于完善省以下财政管理体制有关问题意见的通知》（以下简称《通知》），要求各地根据实际情况合理确定各级政府财政收入占全省财政收入的比重，打破按照企业隶属关系划分收入的做法，采取按税种或按比例分享等规范做法。此外，《通知》还提出了调节各级政府间收入差距的指导意见，限制省、市级政府的收入增长，着力保障基层地方政府的财政收入。

2002 年初开始的所得税收入分享改革为各地完善省以下财政管理体制提供了契机。根据《国务院关于印发所得税收入分享改革方案的通知》，结合各省的实际情况，从 2002 年 1 月 1 日起将按企业隶属关系等划分中央和地方所得税收入的办法改为中央和地方按统一比例分享。中央以 2001 年为基期，保证地方原有利益，实施增量分成。分享比例的变化表现为：2002 年中央所得税分享 50%，省（市、区县、乡）分享 50%；2003 年中央分享 60%，省（市、区县、乡）分享 40%。

省以下政府间的收入划分形式多种多样，可以说是"一省一式"。吕冰洋和聂辉华（2014）年在论文中提到，尽管中央政府与省级政府之间的税收分成比例是固定的，但是在各个省内上下级地方政府之间的税收分成比例是存在弹性的，这些税收分成比例不是全国统一规定的，往往是上下级政府之间讨价还价的结果。省以下政府间税收收入划分一般包括以下几种情况：第一种情况，如果收入稳定且规模较大的税种由省与市县按照一定的比例分享，一般按"五五""四六"或者"三七"；第二种情况，税收较少的税种直接由市县独享；第三种情况，按照税种和行业相结合的方式划分。湖南、宁夏等省份的省级固定收入主要来源于某些重点企业的税收收入。除此之外，在江西等省份，企业的引进方、落户地、是否在工业园区等因素都将直接影响省与市县的税收分成比例（周黎安和吴敏，2015）。

　　接下来本章想研究的是资源价格波动会不会影响县市层面的税收分成比例，由于数据指标的难以获得，本章主要研究了资源价格波动对县级政府增值税分成的影响。县级增值税分成率变量根据全国地市县财政统计资料中的县级增值税收入与其所征收的增值税额相比计算得到。

　　由于地方也会根据上级政府来实现其税收筹划目标，上级政府会事先要求地方上缴多少税收收入，当然反过来地方政府也可能会根据市场行情来大概预测辖区的经济收入状况来相应调整税收分成比例。考虑到上级政府决策的滞后性，本章使用上期的人均矿业产值对当期增值税分成比例的影响，回归结果见表 4-10，从回归结果可知资源性收入增加会使得当地政府增值税分成比例显著下降。具体地，人均矿业产值每增加 100 元，会使得当地增值税分成比例下降约 0.18 个百分点，人均矿业产值标准差为 1381.27 元，意味着当矿业产值增加一个标准差时，增值税下降幅度为 2.49%，属于比较正常的范围值之内，在控制不同的控制变量以后，结果依旧稳健，且均在 1% 的统计水平下显著。

表 4-10　　　　　　　　矿业产值对增值税分成变化的影响

变量	(1)	(2)	(3)	(4)
	增值税分成比例	增值税分成比例	增值税分成比例	增值税分成比例
滞后一期人均矿业产值	-0.0018*** (0.0004)	-0.0018*** (0.0005)	-0.0018*** (0.0004)	-0.0018*** (0.0004)
产业结构		-0.040 (0.167)	0.018 (0.160)	0.022 (0.160)

变量	(1)	(2)	(3)	(4)
	增值税分成比例	增值税分成比例	增值税分成比例	增值税分成比例
城市化率		0.022 (0.018)	0.020 (0.018)	0.020 (0.018)
非矿收入			-0.0004 *** (0.000)	-0.0004 *** (0.000)
外商投资占比				0.005 (0.008)
固定资产投资占比				-0.002 (0.005)
观测值	12624	12624	12624	12624
R²	0.807	0.808	0.812	0.812

注：回归中包含了常数项但本表并未报告；*** 表示在 1% 水平下显著；括号内数字为聚类标准误，cluster 到县市层面。

4.4.5 稳健性检验

本节将对基准回归结果的稳健性进行检验，分别采用两种及三种主要矿物价格计算得到的矿业产值作为主要解释变量，对主要变量极端值进行上下 1% 缩尾处理，通过上述的检验来进一步佐证本章的结论。

1. 两种及以上主要矿物作为工具变量

上面的基准回归中，本章使用该县（市）最主要的矿物销售额来衡量其资源丰裕程度，本章使用两种主要矿物以及三种主要矿物作为稳健性检验结果。表 4 – 11 是使用该县（市）最主要的两种矿物价格测算得到的矿业产值，列（1）至列（5）结果分别汇报了人均矿业产值对人均财政收入、人均转移支付、人均税收收入、人均非税收入、增值税分成比例的影响。具体地，加入产业结构、城市化率等控制变量之后，人均矿业产值每增加 100 元，会使得人均财政收入增加 8.26，人均转移支付增加 2.81 元，人均税收收入增加 6.3 元，人均非税收入将减少 0.39 元，增值税分成比例将下降 0.18 个百分点，回归结果至少在 5% 的统计水平下显著，与基准估计结果相比，系数非常接近，说明结果比较稳健。

表 4 - 11   两种主要矿物结果

变量	(1)	(2)	(3)	(4)	(5)
	人均财政收入	人均转移支付	人均税收收入	人均非税收入	增值税分成比例
人均矿业产值	0.083 *** (0.012)	0.028 ** (0.012)	0.063 *** (0.016)	− 0.0039 ** (0.002)	
人均矿业产值滞后一期					− 0.0018 *** (0.0004)
产业结构	7.942 (5.542)	− 2.844 (4.516)	20.377 (15.036)	− 3.097 (2.006)	0.0149 (0.156)
城市化率	0.684 (0.420)	− 3.328 *** (0.654)	1.218 ** (0.597)	− 0.120 (0.195)	0.0197 (0.0177)
非矿收入	0.041 *** (0.003)	0.002 (0.002)	0.041 *** (0.005)	0.002 (0.001)	− 0.0004 *** (0.000)
外商投资占比	0.067 (0.238)	− 0.104 (0.223)	− 0.065 (0.412)	0.018 (0.049)	0.0052 (0.008)
固定资产投资占比	0.553 *** (0.127)	0.803 *** (0.186)	0.563 *** (0.176)	− 0.018 (0.043)	− 0.002 (0.005)
时间固定效应	是	是	是	是	是
县的固定效应	是	是	是	是	是
观测值	16412	16412	16412	16412	16412
R^2	0.897	0.908	0.792	0.394	0.813

注：回归中包含了常数项但本表并未报告；*** 、** 分别表示在 1%、5% 水平下显著；括号内数字为聚类标准误，cluster 到县市层面。

表 4 - 12 使用三种主要矿物计算得到的矿业产值作为主要解释变量。加入相关的控制变量之后，人均矿业产值每增加 100 元，人均财政收入增加

8.55元，人均转移支付增加2.67元，人均税收收入增加6.5元，人均非税收入下降0.38元，增值税分成比例下降0.189个百分点，回归结果至少在5%的统计水平下显著，与基准结果基本一致，再次说明本章的回归结果非常稳健。

表4-12　　　　　　　　　　　　三种主要矿物结果

变量	(1) 人均财政收入	(2) 人均转移支付	(3) 人均税收收入	(4) 人均非税收入	(5) 增值税分成比例
人均矿业产值	0.086 *** (0.012)	0.027 ** (0.0117)	0.065 *** (0.016)	-0.004 ** (0.0018)	-0.002 *** (0.0004)
产业结构	7.124 (5.420)	-2.452 (4.578)	19.545 (15.075)	-3.110 (2.005)	0.047 (0.160)
城市化率	0.704 * (0.420)	-3.338 *** (0.653)	1.226 ** (0.590)	-0.119 (0.194)	0.0194 (0.018)
非矿收入	0.041 *** (0.003)	0.0022 (0.002)	0.041 *** (0.005)	0.0018 (0.001)	-0.0004 *** (0.000)
外商投资占比	0.063 (0.239)	-0.102 (0.223)	-0.069 (0.412)	0.018 (0.049)	0.005 (0.008)
固定资产投资占比	0.544 *** (0.128)	0.807 *** (0.186)	0.554 *** (0.175)	-0.018 (0.043)	-0.002 (0.005)
时间固定效应	是	是	是	是	是
县的固定效应	是	是	是	是	是
观测值	16412	16412	16412	16412	16412
R^2	0.896	0.908	0.792	0.394	0.811

注：回归中包含了常数项但本表并未报告；***、**、*分别表示在1%、5%和10%水平下显著；括号内数字为聚类标准误，cluster到县市层面。

2. 上下剔除1%的极端值

由于本章所使用的主要的被解释变量为水平值，在上面的基准结果中对变量进行了上下0.5%缩尾处理，为了检验是否仍然受极端值的影响，在稳

健性检验中对变量进行了上下 1% 缩尾处理，结果见表 4 - 13，其中，列
（1）是财政收入在控制了产业结构等控制变量后的结果，人均矿业产值增加
100 元会显著使得财政收入增加约 9.5 元，与基准结果比较接近。表 4 - 13
列（2）、列（3）和列（4）分别汇报了人均矿业产值对转移支付、非税收
入以及增值税分成比例的影响，回归结果与基准回归结果仍保持一致，表明
回归结果受到变量极端值的影响较小。

表 4 - 13　　　　　　　　　稳健性检验结果

变量	（1）人均财政收入	（2）人均转移支付	（3）人均税收收入	（4）人均非税收入	（5）增值税分成比例
人均矿业产值	0.095 *** (0.013)	0.030 *** (0.011)	0.063 *** (0.016)	- 0.004 * (0.002)	
人均矿业产值滞后一期					- 0.002 *** (0.0004)
产业结构	9.682 * (5.499)	- 4.262 (4.393)	20.280 (15.118)	- 3.178 (2.026)	0.0967 (0.175)
城市化率	0.496 (0.363)	- 2.827 *** (0.576)	1.219 ** (0.596)	- 0.118 (0.194)	0.0142 (0.0169)
非矿收入	0.036 *** (0.002)	0.0017 (0.002)	0.041 *** (0.005)	0.0018 (0.001)	- 0.0004 *** (0.000)
外商投资占比	- 0.0793 (0.198)	- 0.122 (0.224)	- 0.066 (0.412)	0.0175 (0.049)	0.006 (0.008)
固定资产投资占比	0.546 *** (0.121)	0.919 *** (0.177)	0.562 *** (0.177)	- 0.018 (0.043)	- 0.003 (0.005)
时间固定效应	是	是	是	是	是
县的固定效应	是	是	是	是	是
观测值	16412	16412	16412	16412	16412
R^2	0.900	0.916	0.792	0.395	0.821

注：回归中包含了常数项但本表并未报告；***、**、*分别表示在 1%、5% 和 10% 水平下显
著；括号内数字为聚类标准误，cluster 到县市层面。

4.5 案例分析

1. 鄂尔多斯经济发展与资源价格变化趋势一致

鄂尔多斯市是内蒙古自治区下辖的地级市，位于内蒙古自治区西南部，东部、北部和西部分别和呼和浩特市、山西省忻州市、包头市、巴彦淖尔市等接壤。鄂尔多斯经济增速连续 15 年全内蒙古第一，人均 GDP 一度超过香港，鄂尔多斯不仅是内蒙古的经济强市，更是改革开放 30 年里的 18 个典型地区之一。

鄂尔多斯蕴藏大量的矿产资源，已发现矿产资源 46 种，主要为能源矿产。其中，煤炭储量根据 2016 年的数据统计为 2017.51 亿吨，约占内蒙古全省煤炭储量的 50%，① 天然气探明储量为 10900 亿立方米，天然碱、食盐、石膏、石灰石、石英砂等矿产资源储量亦可观。

改革开放之初，鄂尔多斯市是内蒙古最贫困的地区，1997 年全市生产总值为 792.25 亿元，人均 6293 元/人。2016 年鄂尔多斯完成地区生产总值 4417.9 亿元，同比增长 7.3%，人均 GDP 水平为 207163 元/人。第二产业完成增加值 2461.4 亿元，增长 7.5%，对经济增长的贡献率为 57.7%，拉动 GDP 增长 4.2 个百分点。鄂尔多斯市的快速发展离不开丰富的矿产资源，2016 年，全市煤炭销售量为 5.43 亿吨，同比增加 306 万吨，占全国煤炭总产量的 14.4%，占内蒙古煤炭总产量的 59%，煤炭工业（规模以上）完成增加值约 927 亿元，占全市生产总值的 21%。随着能源需求的增大以及煤炭价格的不断上涨，鄂尔多斯市从 2003 年开始，一直到 2011 年，一直保持 20% 以上的年均增速，2005 年工业增速一度高达 58.87%。随着工业增长速度的不断加快，2009 年工业总量也迅速跃居内蒙古自治区的第一位，达到 1132.11 亿元，且比重占到内蒙古的 30.8%，相当于呼和浩特、赤峰、锡林郭勒三个市级行政区的总和。2012 年之后，随着全国经济步入新常态，鄂尔

---

① 资料来源：2017 年《内蒙古统计年鉴》和《鄂尔多斯市统计年鉴》。

多斯市的高速增长逐渐回落（见图 4 - 1）。

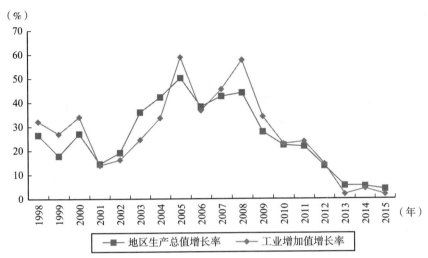

图 4 - 1　1998 ~ 2015 年鄂尔多斯市生产总值增长率和工业增加值增长率

资料来源：1999 ~ 2016 年《鄂尔多斯市统计年鉴》。

在 1998 ~ 2009 年，随着煤炭价格的不断上涨，鄂尔多斯市在内蒙古自治区地区生产总值增速有 9 年是位居第一，然而 2011 年开始，随着煤炭价格的下跌，鄂尔多斯煤炭产业受到了巨大的冲击，使得鄂尔多斯 2014 年GDP 增速从内蒙古第一的位置下滑到倒数第二（见表 4 - 14）。

表 4 - 14　　　　　　　　内蒙古各地级市地区生产总值增长率

年份	鄂尔多斯市	呼和浩特市	赤峰市	锡林浩特市	包头市	乌海市	通辽市	乌兰察布市	巴彦淖尔市
1998	0.27	0.15	0.05	0.04	0.06	0.18	0.14	0.14	0.06
1999	0.18	0.12	0.05	0.07	0.03	0.05	0.11	0.12	0.01
2000	0.27	0.04	0.15	0.35	0.07	0.20	0.11	0.11	0.07
2001	0.14	0.18	0.12	- 0.06	0.09	0.14	0.17	0.14	0.08
2002	0.19	0.54	0.14	0.09	0.34	0.17	0.17	0.16	0.06

续表

年份	鄂尔多斯市	呼和浩特市	赤峰市	锡林浩特市	包头市	乌海市	通辽市	乌兰察布市	巴彦淖尔市
2003	0.36	0.25	0.18	0.22	0.35	0.28	0.17	0.31	0.24
2004	0.42	0.34	0.15	0.24	0.35	0.34	0.11	0.21	0.10
2005	0.50	0.36	0.24	0.29	0.40	0.34	0.24	0.23	0.30
2006	0.34	0.21	0.24	0.18	0.19	0.21	0.27	0.19	0.24
2007	0.44	0.22	0.37	0.28	0.26	0.25	0.40	0.26	0.27
2008	0.39	0.20	0.27	0.34	0.38	0.26	0.34	0.26	0.29
2009	0.35	0.25	0.21	0.21	0.23	0.30	0.22	0.15	0.16
2010	0.22	0.13	0.19	0.15	0.13	0.26	0.22	0.14	0.18
2011	0.22	0.17	0.24	0.20	0.22	0.23	0.23	0.22	0.19
2012	0.14	0.14	0.16	0.13	0.07	0.10	0.17	0.13	0.09
2013	0.08	0.09	0.08	0.06	0.09	0.07	0.05	0.07	0.07
2014	0.03	0.07	0.05	0.00	0.04	0.05	0.06	0.05	0.04
2015	0.04	0.07	0.05	0.01	0.02	-0.07	-0.01	0.05	0.02

资料来源：1999～2016 年《内蒙古统计年鉴》。

2. 财政收入波动幅度大

由于煤炭价格的大幅上涨，鄂尔多斯市财政收入总量曾居全区首位，财政总收入从 1998 年的 10.7 亿元增加至 2013 年的 855.37 亿元，年均增长 34%，人均财政收入由 843.35 元增加至 42538 元，年均增长 30%。2015 年财政收入是 1998 年财政收入的 79.66 倍，翻了九番，平均每两年翻一番，并且翻番的时间不断缩短，年均财政收入增长比年均 GDP 增长幅度高出 6 个百分点。财政收入规模不断增长，2001 年鄂尔多斯市财政收入位居内蒙古第三位，2005 年第二位，2006 年第一位，领先呼和浩特市和包头市。在 2005 年，鄂尔多斯市财政收入增长率达到最高值 94.34%，财政收入从 2004 年的 23.73 亿元增长至 2005 年的 46.12 亿元，增长了将近一倍。2011 年之前财政收入的增长离不开资源价格的大幅上涨，2011 年随着煤炭价格行情走势下行，鄂尔多斯市整体财政收入增长速度减缓并在 2014 年开始出现负增长（见图 4 - 2）。2012 年地方政府债务规模接近千亿元，还债开支挤压了其他财政开支。[①] 应对举措主要包括提高煤炭支柱产业税收，强化税收征管清缴力度，依靠非税收入等。

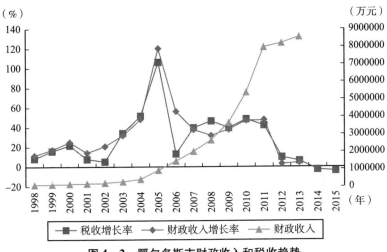

图 4 - 2　鄂尔多斯市财政收入和税收趋势

资料来源：1999 ~ 2016 年《鄂尔多斯市统计年鉴》。

2016 年鄂尔多斯市税收收入为 298.9 亿元，占公共财政预算收入的 66.3%，非税收入 152.1 亿元，占比为 33.7%。国内增值税完成 202.23 亿元，增收 5.01 亿元，增幅 2.54%；消费税完成 7.86 亿元，减幅 22.14%，企业所得税完成 20.44 亿元，减幅 29.51%。资源税 24.9 亿元，增长 12.5%，主要由于全年煤炭平均价格上涨。从表 4 - 15 可知，1998 ~ 2007 年非税收入占比基本维持在 16% 左右相对比较稳定，在 2005 年非税收入下降到 13%。1998 ~ 2007 年税收收入占比在 80% 以上，2008 年开始非税收入的比重超过了 20%，2013 年非税收入接近 30%，2015 年非税收入比重达到了 33%，在一定程度受到资源价格下跌的影响。

---

① 鄂尔多斯债务规模近千亿元，收入增速全区垫底［R］. 前瞻网，https：//www. qianzhan. com/regieconomy/detail/142/130621 - e1524244_2. html。

表 4 – 15　　　　　鄂尔多斯市财政收入中税收收入和非税收入占比

年份	地方公共预算收入（万元）	税收收入（万元）	税收收入占比	非税收入（万元）	非税收入占比
1998	71830	59632	0.83	12198	0.17
1999	83767	69111	0.83	14656	0.17
2000	100955	84158	0.83	16797	0.17
2001	107838	90676	0.84	17162	0.16
2002	115025	95446	0.83	19579	0.17
2003	154399	128124	0.83	26275	0.17
2004	237315	194329	0.82	42986	0.18
2005	461208	400948	0.87	60260	0.13
2006	540387	453402	0.84	86985	0.16
2007	770239	633630	0.82	136609	0.18
2008	1181983	928983	0.79	253000	0.21
2009	1620408	1098637	0.68	521771	0.32
2010	2390774	1922734	0.80	468040	0.20
2011	3461762	2734287	0.79	727475	0.21
2012	3755121	3002471	0.80	752650	0.20
2013	4400151	3186638	0.72	1213518	0.28
2014	4300782	3100111	0.72	1200671	0.28
2015	4458999	2979254	0.67	1479745	0.33

注：一般公共预算收入 = 税收收入 + 非税收入，数据来源于鄂尔多斯市统计年鉴和统计公报。

3. 转移支付变化

　　鄂尔多斯市 1998 年所有县市获得的转移支付为 28452 万元，2009 年转移支付增加至 770938 万元，人均转移支付由 223.48 元增长至 4183.76 元，11 年内增长了 17.72 倍。人均一般性转移支付由 1998 年的 26.97 元增长至 2009 年的 1801.19 元，人均专项转移支付由 205.17 元增长至 2382.56 元。中国煤炭价格在 2003 年～2008 年从 208 元上涨到 800 多元，但是鄂尔多斯人均转移支付在 2003 年～2007 年持续增长，并没有由于资源型地区资源收入增加而减少，这与定量研究的结果一致。

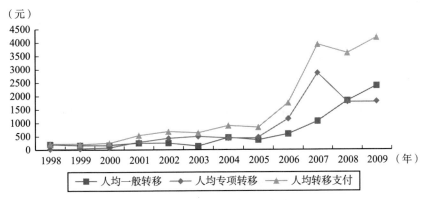

图 4 - 3　鄂尔多斯市转移支付趋势

资料来源：1998～2009 年《全国地市县财政统计资料》。

4.6　本章小结

本章基于县市层面的数据实证检验了资源价格波动对财政收入的影响。实证结果表明矿产资源价格上涨会显著提升地方政府的财政收入，非税收入和转移支付仍然会显著增加，但是增值税分成比例会下降。人均矿业产值每增加 100 元将使得人均财政收入增加约 8 元、非税收入增加 0.2 元、转移支付增加 0.3 元，地方增值税留存比例下降 0.18%。

无论是实证分析结果还是案例分析结果，均可以看出资源价格的波动是资源型地区政府财政收入和税收收入的风向标，随着资源价格的暴涨，资源型地区财力会大幅提升，税收收入和非税收入也会显著增加。资源价格上涨带来的转移支付的增长很显著，对一般性转移支付增长的作用较为明显，地方政府税收分成比例随着资源价格的提升而显著下降。

第 5 章　采矿业繁荣与财政支出

资源性收入在财政收入来源中，属于占比大和波动较大的预算外资金收入。由于占比大，因此很多资源型城市对其产生了巨大的依赖性，同时，资源价格的波动容易对地方政府财政收入产生较大的冲击，进而影响地区财政支出规模以及支出效率。因此，有必要研究资源价格波动对地方公共支出和公共品提供以及居民福利的影响，这样既可以解释我国这几十年来资源城市的发展，也能为以后如何利用资源收入提供政策建议。

5.1　问题的提出

目前，关于资源性收入对政府支出行为影响的研究较多，但结论并不一致。部分研究发现，资源性收入增加会促进当地的基础设施建设支出和教育支出（Fasano，2002；Acemoglu et al.，2002）。但也有大量研究发现，资源性收入不利于地方公共品供给，并且会带来腐败。盖尔布（1988）认为政府通常会从自然资源中获取较高的租金，并且利益集团会阻碍创新，因此，资源丰裕会带来更多的腐败和低效率的公共品。博奇等（2015）以挪威水电资源与社会福利提供效率为研究对象并结合工具变量（IV）方法，研究发现来自自然资源方面的收入相比其他来源的收入对公共品提供有显著的抑制作用。卡塞利和迈克尔斯（2013）使用石油产量的变化研究发现意外之财对当地生活水平的改善作用有限，主要原因是大量的石油产出被用于非法活动。

此外，还有部分研究发现，资源型收入与税收收入对地方公共品支出的影响存在差异（Martínez，2017）。

国内有研究发现，资源性收入对不同种类的支出的影响差异较大。陈婷和龚启圣（Chen and Kung，2016）研究发现中国土地出让意外之财对城市建设支出、土地发展支出、社保支出、行政支出有显著的影响，但是对教育支出不显著。詹晶等（Zhan et al.，2015）利用中国省级层面的数据研究发现地区以资源收入为主要收入来源的地区，政府会减少人力资本公共品的提供，包括教育和医疗。洪知延（Hong，2018）使用中国地级市层面数据研究发现石油和煤的产出对下一年教育支出和医疗支出的投入会减少。

从理论上看，研究西方国家的文献主要使用政治代理模型分析资源性收入对财政支出的影响。根据政治代理模型佩尔森和塔贝里尼（Persson and Tabellini，2000），如果选民能够获得地方政府收入来源的完全信息，那么资源性收入和税收收入对地方财政支出的影响相同。如果选民没有获得地方政府收入来源的完全信息，那么只能根据政治家的上期行为进行投票，此时，政治家有激励利用资源性收入增加公共品供给，以获得更多选民支持，但鉴于选民无法获得资源性收入的完全信息，政治家出于自身利益最大化，会将一部分资源性收入用于个人消费等。

中国政府的目标和约束与西方国家不同，中国政府并不存在政党轮换，资源性收入对地方政府财政支出的影响可能会与西方国家明显不同。本章将分析资源性收入对财政支出的影响。地方财政支出可以分为两类，第一类是生产性支出，比如基建投资，第二类是非生产性支出，比如教育、医疗等。对生产性支出而言，资源性收入将提高其绝对值和相对占比，但对非生产性支出而言，资源性收入可能提高其绝对值，但其相对占比将会下降。当资源价格下跌时，地方政府必须减少总的财政支出规模或者承受较大的预算赤字。同时，地方政府将面临一个问题——财政资金缩减时，该裁减哪些公共支出？这种改变在一定程度上也会受到地方官员政治目标的影响。由于受到数据的限制，本章在实证分析阶段只考虑了资源价格上涨时对地方政府支出行为的影响。

5.2　数据与识别策略

5.2.1　实证模型

为了研究矿业产值对财政支出以及公共品提供的影响，本章建立了如下回归方程：

$$Y_{it} = \alpha_{21} + \beta_{21}X_{it} + \sum_{j=1}^{n} \theta_{j1} \cdot Z_{it} + \eta_i + \lambda_t + \varepsilon_{it} \qquad (5-1)$$

其中，Y_{it} 是被解释变量财政支出或公共品数量，X_{it} 是核心解释变量，表示每个县矿产行业每年的人均矿业产值，Z_{it} 表示一系列控制变量，根据相关文献的研究，除了矿业产值以外，产业结构、城市化率、人口等因素也会影响财政支出以及公共品提供，因此在回归中本章尽可能控制了这些因素的影响。i 表示第 i 个县，t 表示年份，η_i 表示县的固定效应，λ_t 表示年份的固定效应，ε_{it} 表示随机扰动项。系数 β_{21} 表示矿产资源性收入对财政支出、公共产品提供的影响，这是本章最关心的系数。

在式（5-1）中，由于矿产收入变量存在内生性问题，如果不解决很可能得出完全错误的结论。资源性收入的内生性来源于以下几个方面。第一，虽然本章可能控制了既影响矿业产值又影响公共品提供的变量，但是仍然可能存在一些本章并未观察到或双向固定效应未捕捉到的因素，导致遗漏变量问题。第二，矿产收入与公共品提供之间存在明显的双向因果关系。一方面，地方资源性收入会影响公共品的提供；另一方面，地方公共品如道路等基础设施会提高矿产资源的市场参与度，提高其经济效益。为了解决双向因果和遗漏变量偏误问题，本章通过寻找矿业产值的工具变量，来缓解内生性估计偏误，工具变量计算方式详见第 3 章。

接下来，本章需要在两阶段最小二乘法的第一阶段利用式（5-2）证明矿物价格的波动的确会影响矿业产值。

$$X_{it} = \alpha_1 + \beta_1 \ln(p_t) \times \overline{q_{i,1995}} + \sum_{j=1}^{n} \theta_j \cdot Z_{it} + u_i + v_t + \epsilon_{it} \qquad (5-2)$$

其中，主要的解释变量是每种矿产资源价格 $\ln(p_t)$ 与相应矿物的初始产量 $\overline{q_{i,1995}}$ 的乘积，这里的 p_t 是每个县（市）生产主要矿物国际资源价格按当年美元兑人民币的汇率折算成以人民币为单位的价格，$\overline{q_{i,1995}}$ 表示对应的矿物的人均初始产量。$\ln(p_t) \times \overline{q_{i,1995}}$ 表示县 i 资源初始禀赋在不同年份的现价（具体计算见第 3 章），其他控制变量与式（5 – 1）相同，u_i 表示县（市）的固定效应，v_t 表示年份的固定效应，ϵ_{it} 表示随机扰动项。$\overline{q_{i,1995}}$ 计算方式和第 4 章计算方式相同，由于公共品提供具有滞后性，故当被解释变量为公共品时，我们将核心解释变量价格滞后了两期。

5.2.2　数据描述

样本选择方面，本章数据包括中国除港澳台以外的 30 个省份 1824 个县市数据，其中西藏由于很多数据缺失而没有纳入，同时因为各项公共支出数据的统计只有 1998～2006 年，故本章样本期选择的是 1998～2006 年。矿物的价格数据来自世界银行大宗商品价格数据集，钨矿价格来自 UNCTAD。[①] 矿业产值是根据《中国工业企业年鉴》中按照行业代码加总每种矿物的产值总额，财政收入数据来自《中国区域统计年鉴》和《中国县域统计年鉴》，公共产品支出数据来自 1998～2006 年《全国地市县财政统计资料》。由于公共产品数据地级市比较完善，故本章公共品数据主要使用了县级和地级市数据。地级市公共品数据来自 1999～2019 年《中国城市统计年鉴》，由于工业企业数据只到 2013 年，故工具变量测算到 2013 年，所以本章地级市公共品的基准回归结果主要以 reduce-form 为主（简约式）。所有指标均以 1998 年为基期进行平减。为了剔除极端值的影响，本章对各指标最大和最小的 0.5% 样本分别进行 Winsorize 处理。

---

① http://unctadstat.unctad.org/EN/Infographics.html.

5.3 实证结果

5.3.1 资源丰裕与财政支出

首先汇报了矿业产值对地方财政支出的影响，回归结果见表 5-1，前半部分是 OLS 估计结果，具体地，当不加入任何控制变量时，矿业产值每增加 100 元，财政支出增加约 6.44 元，当加入产业结构、城市化率、人均非矿收入、外商投资占比、固定资产投资占比等控制变量之后，矿业产值每增加 100 元，财政支出增加约 8 元。后半部分结果为 2SLS 回归结果，用该县市主要矿物价格作为工具变量，控制相关变量后，人均矿业产值每增加 100 元，人均财政支出将增加约 12 元，回归结果均在 1% 的置信水平下显著。从估计系数来看，2SLS 结果是 OLS 估计结果的 1.5 倍，说明 OLS 低估了回归结果，系数相差不是很大，说明本章所选的工具变量比较合理。

表 5-1 矿业产值对财政支出的影响

变量	(1)	(2)	(3)	(4)
	人均财政支出	人均财政支出	人均财政支出	人均财政支出
OLS 估计结果				
人均矿业产值	0.064 ***	0.081 ***	0.081 ***	0.080 ***
	(0.007)	(0.006)	(0.006)	(0.00619)
人均非矿收入		0.046 ***	0.046 ***	0.046 ***
		(0.003)	(0.003)	(0.003)
产业结构		5.619	6.167	4.144
		(9.430)	(9.424)	(9.364)
城市化率			-2.822 ***	-2.787 ***
			(1.039)	(1.037)

续表

变量	（1）	（2）	（3）	（4）
	人均财政支出	人均财政支出	人均财政支出	人均财政支出
OLS 估计结果				
外商投资占比				-0.139 (0.386)
固定资产投资占比				1.302*** (0.313)
观测值	16412	16412	16412	16412
R²	0.873	0.887	0.888	0.888
2SLS 估计结果				
人均矿业产值	0.124*** (0.023)	0.125*** (0.023)	0.122*** (0.0227)	0.121*** (0.023)
人均非矿收入		0.051*** (0.004)	0.050*** (0.004)	0.051*** (0.004)
产业结构		-6.817 (11.31)	-5.678 (11.33)	-7.446 (11.25)
城市化率			-2.533** (1.024)	-2.502** (1.021)
外商投资占比				-0.198 (0.395)
固定资产投资占比				1.183*** (0.324)
观测值	16412	16412	16412	16412
R²	0.867	0.884	0.885	0.885

注：回归中包含了常数项但表中并未报告；***、**分别表示在1%、5%水平下显著；括号内数字为聚类标准误，cluster 到县市层面。

下面研究了矿业产值对不同类型公共支出的影响，根据式（5-1）对两者进行了 OLS 回归估计，结果见表 5-2。首先汇报了在不加任何控制变量时，矿业产值对各项公共支出的影响，具体地，矿业产值对各项公共支出均有显著的促进作用，其中相比其他支出，基建支出和行政支出的系数最大，对教育支出影响的系数较小。当加入各项控制变量之后，对各项公共支出仍然具有正向作用，且回归系数波动幅度很小，除了林业支出不显著以外，其他各项支出回归结果均在 1% 的统计水平下显著，相比不加控制变量时结果很稳健。由于被解释变量与主要的解释变量之间存在双向因果关系，因此，如果简单使用 OLS 估计会导致偏误。下面重点在于解决矿业产值与公共品支出与提供的内生性问题，在尽可能解决内生性问题的基础上，进一步研究资源禀赋与公共品提供之间的关系。本章使用该县市主要矿物的价格作为矿产资源丰裕的 IV 变量。

表 5 - 2　　　　　　　　　　OLS 回归结果

变量	(1) 人均基建支出	(2) 人均行政支出	(3) 人均公检法支出	(4) 人均教育支出	(5) 人均科技支出	(6) 人均社保支出	(7) 人均医疗支出
人均矿业产值	0.024 *** (0.005)	0.014 *** (0.002)	0.003 *** (0.000)	0.006 *** (0.001)	0.0001 *** (0.000)	0.003 *** (0.001)	0.003 *** (0.000)
观测值	11510	16412	16412	16412	14903	16412	16405
R^2	0.597	0.878	0.866	0.899	0.770	0.570	0.883
加入控制变量后结果							
人均矿业产值	0.025 *** (0.005)	0.016 *** (0.002)	0.004 *** (0.001)	0.008 *** (0.001)	0.0001 *** (0.000)	0.004 *** (0.001)	0.004 *** (0.000)
产业结构	6.456 * (3.748)	2.617 (2.434)	0.024 (0.512)	0.355 (1.174)	0.023 (0.034)	0.257 (0.635)	0.567 (0.463)
城市化率	-0.152 (0.556)	-0.851 *** (0.230)	-0.223 *** (0.060)	-0.563 *** (0.120)	-0.001 (0.005)	-0.148 ** (0.069)	-0.306 *** (0.061)
非矿收入	0.007 *** (0.002)	0.006 *** (0.001)	0.002 *** (0.000)	0.005 *** (0.001)	0.000 *** (0.000)	0.001 *** (0.000)	0.001 *** (0.000)
外商投资占比	-0.104 (0.257)	-0.107 ** (0.051)	-0.016 (0.023)	-0.067 (0.052)	-0.002 (0.003)	0.041 (0.043)	0.033 (0.022)

续表

变量	(1)	(2)	(3)	(4)	(5)	(6)	(7)
	人均基建支出	人均行政支出	人均公检法支出	人均教育支出	人均科技支出	人均社保支出	人均医疗支出
固定资产投资占比	0. 490 ***	0. 211 ***	0. 059 ***	0. 131 ***	0. 003 *	0. 017	0. 050 **
	(0. 154)	(0. 061)	(0. 017)	(0. 036)	(0. 001)	(0. 020)	(0. 020)
观测值	11510	16412	16412	16412	14903	16412	16405
R^2	0. 603	0. 886	0. 879	0. 908	0. 777	0. 574	0. 889

注：回归中包含了常数项但表中并未报告；***、**、*分别表示在1%、5%和10%水平下显著；括号内数字为聚类标准误，cluster 到县市层面。

　　在进行工具变量法估计之前需对工具变量的有效性进行检验，从回归结果可知，矿产资源价格波动与矿业产值具有显著的正向关系，加入不同的控制变量后，结果非常稳定，且每个回归结果的 F 统计值都显著大于10，说明主要矿物价格并不存在弱工具变量问题。表5 - 3 汇报了矿业产值对各项公共支出的 IV 估计结果，除林业支出以外，矿业产值对各项公共支出均具有显著的正向影响，具体而言，在控制了相关变量后，矿业产值增加100 元，基建支出增加5. 4 元，行政支出增加2. 4 元，公检法支出增加约0. 6 元，教育支出增加1. 4 元，人均科技支出提高0. 01 元，人均医疗支出增加0. 6 元，人均社保支出增加约0. 6 元，农业支出增加约1. 3 元，且回归结果均在1%的显著性水平下显著。医疗支出增加显著的可能原因是采矿业带来的环境污染加重，导致地方政府对医疗的投入增大。矿业产值对教育支出的增长幅度影响最小，说明资源禀赋高的地区对教育的重视程度相对较低。从系数大小来看，矿产价格上涨对基建支出的增加幅度最大，其次是行政支出。教育支出、社保支出以及医疗支出均显著增加，但是从增加幅度来看，三者相加要远远低于基建支出的增加幅度。2SLS 回归结果系数是 OLS 估计的1 ~ 3 倍，系数差别不是很大，说明工具变量比较合理。

　　控制变量的结果显示，城市化对公共支出的影响主要分为两个方面，一方面是正向影响，随着我国城市化进程的加快，大量人口涌入城市，对城市的公共服务质量和水平提出了更高的要求，因此，地方政府需要通过扩大支出规模来满足人们的需求：更好的城市居住环境，更高的社会保障水平，更优质的教育资源和医疗设施等。但是另一方面，城市化对政府支出的负面影响主要体现在：地方政府为了提供更多的公共产品以及更好的公共服务，导致其他相关费用的增加，如管理费用和运营费用等，为了应对不断增长的费用支出，很多城市政府会采取财政赤字政策，导致赤字水平上升，从而对政府融资能力和渠道施加压力，进一步对公共支出产生负向作用。最终结果取决于正反两方面的共同影响。非矿产业收入对各项支出均有显著的影响，这符合理论预期。非矿收入以及固定资产投资占比与各项支出均呈正相关，且大多数结果通过了10%水平下的显著性检验，与理论预期一致。

表 5 - 3 公共支出的 2SLS 估计结果

变量	(1) 人均基建支出	(2) 人均行政支出	(3) 人均公检法支出	(4) 人均教育支出	(5) 人均科技支出	(6) 人均社保支出	(7) 人均医疗支出
不加控制变量							
人均矿业产值	0.054 *** (0.015)	0.024 *** (0.008)	0.006 *** (0.002)	0.014 *** (0.004)	0.0001 *** (0.000)	0.006 *** (0.002)	0.006 *** (0.002)
观测值	11510	16412	16412	16412	14903	16412	16405
R^2	0.578	0.874	0.862	0.895	0.767	0.566	0.880
加入控制变量结果							
人均矿业产值	0.053 *** (0.016)	0.023 *** (0.008)	0.006 *** (0.002)	0.013 *** (0.003)	0.0001 *** (0.000)	0.006 *** (0.002)	0.005 *** (0.002)
产业结构	- 1.761 (5.077)	0.624 (3.492)	- 0.455 (0.720)	- 1.188 (1.441)	- 0.005 (0.036)	- 0.262 (0.786)	0.046 (0.697)
城市化率	0.096 (0.567)	- 0.802 *** (0.223)	- 0.211 *** (0.060)	- 0.525 *** (0.120)	- 0.001 (0.005)	- 0.135 * (0.071)	- 0.293 *** (0.060)
人均非矿收入	0.010 *** (0.002)	0.007 *** (0.002)	0.003 *** (0.000)	0.006 *** (0.001)	0.000 *** (0.000)	0.002 *** (0.000)	0.002 *** (0.000)
外商投资占比	- 0.128 (0.262)	- 0.117 ** (0.056)	- 0.018 (0.024)	- 0.075 (0.053)	- 0.002 (0.003)	0.038 (0.044)	0.030 (0.023)

续表

变量	（1）人均基建支出	（2）人均行政支出	（3）人均公检法支出	（4）人均教育支出	（5）人均科技支出	（6）人均社保支出	（7）人均医疗支出
加入控制变量结果							
固定资产投资占比	0.466*** （0.152）	0.191*** （0.064）	0.054*** （0.017）	0.115*** （0.037）	0.002* （0.001）	0.011 （0.021）	0.045** （0.021）
观测值	11510	16412	16412	16412	14903	16412	16405
R^2	0.588	0.884	0.877	0.906	0.775	0.572	0.887
各项支出占总财政支出的实际占比（%）	4.73	14.53	5.57	24.07	0.15	2.41	4.45
根据财政支出水平计算得到支出水平	0.006	0.018	0.0067	0.029	0.0002	0.003	0.005
根据财政支出水平计算得到占比	43.8	19.0	4.96	10.74	0.08	4.96	4.13

注：回归中包含了常数项但表中并未报告；***、**、*分别表示在1%、5%和10%水平下显著；括号内数字为聚类标准误，cluster到县市层面。

下面将财政支出划分为生产性支出、行政支出和公共服务支出进行研究。本章参照了唐颖和赵文军（2014）以及郭庆旺和贾俊雪（2008）的研究，将基本建设支出、支援农村生产支出、农林水气事业费、科技支出视为生产性支出，将行政管理费用以及公检法支出归入行政管理费用支出，将教育支出、医疗支出以及社保支出纳入公共服务类支出，上述三类支出在1998～2007年平均占比为63%，具有较高的代表性。同时由于其他各项支出的用途难以确定，因此，本章未将其考虑进来。从表5-4的结果可知，人均矿业产值每增加1万元，人均生产性支出会增加约770元，人均行政支出增加290元，人均公共服务支出增加约240元，且系数均在1%的统计水平下显著。

表 5 - 4　　　　　　　　　　　　　　分类型财政支出

变量	人均生产性支出		人均行政支出		人均公共服务支出	
	(1)	(2)	(3)	(4)	(5)	(6)
人均矿业产值	0.078 ***	0.077 ***	0.030 ***	0.029 ***	0.025 ***	0.024 ***
	(0.025)	(0.024)	(0.010)	(0.009)	(0.006)	(0.005)
产业结构		- 6.749		0.169		- 1.394
		(9.552)		(4.149)		(2.362)
城市化率		- 1.092 *		- 1.014 ***		- 0.959 ***
		(0.620)		(0.269)		(0.181)
非矿收入		0.017 ***		0.010 ***		0.009 ***
		(0.004)		(0.002)		(0.001)
外商投资占比		- 0.134		- 0.135 *		- 0.006
		(0.156)		(0.072)		(0.088)
固定资产投资占比		0.483 ***		0.245 ***		0.170 ***
		(0.173)		(0.076)		(0.053)
观测值	16412	16412	16412	16412	16412	16412
R^2	0.668	0.685	0.878	0.890	0.891	0.903
平均占比（%）	13	13	21	21	29	29
根据财政支出占比计算得到支出水平	0.016	0.016	0.025	0.025	0.035	0.035

　　注：回归中包含了常数项但表中并未报告；*** 、* 分别表示在1%、10%水平下显著；括号内数字为聚类标准误，cluster 到县市层面。

　　本章根据财政支出占比测算了三项支出的理论增加额，并对比了实际回归的增加额，结果见表 5 - 4 倒数第 1 行，从结果可知，矿业产值增加 1 万元，公共服务支出按照财政支出占比测算的理论支出水平为 350 元，而实际回归的结果为 250 元，低于理论水平。生产性支出实际估计结果是理论结果的 4.87 倍，行政支出增加幅度实际估计结果也高于理论水平。从结果可知，地方政府矿业产值增加会使得地方政府更注重生产性支出和行政支出而轻视民生性公共支出。

5.3.2　资源丰裕与公共品提供

党的十九大报告明确提出"支持资源型地区经济转型发展"。目前，中国大多数资源型地区经济仍然高度依赖于采矿业，其经济转型升级和高质量发展依旧任重道远。采矿行业为资源型地区贡献了丰厚的财政收入，但是资源型地区只有将其转化为有效的公共品供给，才能促进经济高质量发展并提升居民福利。因此，本章力图从资源型地区提供公共服务的理论机制和实证分析来解释资源型地区经济发展现状，为实现资源型地区经济转型提供思路。

经典财政支出理论认为，地方公共品实现最优供给的条件是：本地区所有社会成员获得的公共品边际效用之和等于公共品提供的边际成本（Samuelson，1954）。如果地方政府的目标是最大化本地区民众福利，公共品的提供就会达到最优水平，此时实现了理想的财政回应性（尹恒和朱虹，2011）。但是，如果地方政府官员存在寻租、腐败等个人自利性行为，公共品提供就会偏离理想的财政回应性。

事实上，财政收入的获取形式本身就是影响地方政府财政回应性的一个重要因素（Paler，2013）。地方政府收入来源可以分为三种类型。第一种是受益税，包括房地产税、个人所得税、零售税等，其税基主要来自人口流入。受益税与地方政府为居民提供的公共服务密切相关，地方政府提供的民生性公共服务越好，会吸引越多人口流入，税收会随之增加，因此受益税会激励地方政府为当地居民提供更好的公共服务，提升地方政府的民生财政回应性。第二种是非资源开采企业缴纳的非受益税，包括企业所得税、增值税等，其税基来自资本流入和企业生产规模的扩大，非受益税激励地方政府扶持企业、招商引资、发展生产，提高地方财政对企业需求的回应性，但不能有效激励地方政府提供民生性公共品，因此不能提高地方财政对民生财政的回应性（吕冰洋，2018）。第三种是"飞来横财"（fiscal windfall），包括资源性财政收入、上级政府无条件转移支付、国际援助等，这些收入通常不取决于本地区的经济发展和要素流入。例如，资源型地区高度依赖资源性财政收入，税基主要取决于本地区资源禀赋和资源价格，不取决于人口或资本流入，因此导致地方政府缺乏动力去吸引税基，各类公共品均提供不足（Martinez，2017；Gadenne，2017）。

1. 县级数据回归分析

为了回答上述问题，本章对公共品指标进行了 2SLS 估计，囿于数据，本章主要从以下几个指标考察了矿产资源禀赋对公共品提供的影响，结果见表 5 - 5，2SLS 结果表明矿产资源收入对中小学在校生人数均有负向作用，具体地，人均矿业产值每增加 100 万元，将使得小学生在校人数减少约 21人，将使得中学在校生人数减少约 8 人。对医疗机构床位数以及福利院床位数量有正向作用但是结果不显著。由于矿产资源收入越多，对当地居民和环境会产生越大的破坏作用，因此政府在医疗方面的相应支出也越大，医院病床数量相应也会增加。

表 5 - 5 公共品提供 IV 估计结果

变量	(1) 小学在校生人数（人）	(2) 中学在校生人数（人）	(3) 医疗机构床位数（张）	(4) 福利院数量（家）	(5) 福利院床位数（张）
人均矿业产值	-0.206 (0.221)	-0.078 (0.110)	0.004 (0.006)	-0.000 (0.000)	0.002 (0.008)
产业结构	301.498 (255.616)	-217.372 (139.960)	-14.662 (12.224)	-4.491 ** (2.217)	-0.011 (8.592)
非矿收入	3.106 *** (0.949)	-2.114 *** (0.521)	0.027 (0.021)	-0.000 (0.001)	-0.036 (0.029)
城市化率	-45.036 (37.858)	-6.395 (23.127)	1.817 (1.188)	0.023 (0.042)	0.224 (0.786)
观测值	16403	16397	16412	11779	11710
R^2	0.956	0.956	0.328	0.353	0.843

注：回归中包含了常数项但本表并未报告； *** 、 ** 分别表示在1% 、5% 水平下显著；括号内数字为聚类标准误，cluster 到县市层面。

由于县级层面的公共品指标有限，而地级市层面公共品数据比较多，因此本章计算了市辖县的教育指标和医疗指标，本章根据《中国城市统计年鉴》中提供的全市以及市辖区统计值测算该市对应的市辖县的指标值。本章用计算得到的市辖县指标表示县层面公共服务的提供状况，来进一步研究矿产资源丰裕程度对公共品提供的影响。

2. 地级市数据回归分析

根据式（5-1），本章在表 5-6 分别汇报了资源繁荣对地区教育、医疗以及基础设施公共品提供的影响。本章这里使用中小学生师生比来衡量教育公共品质量，主要有以下几方面的考虑。第一，师生比本身能够在很大程度上表示教育公共品质量的高低，且一些研究表明学校师生比与学生考试成绩密切相关（Krueger et al.，2001；Schanzenbach，2007；柳光强等，2013）；第二，师生比能够有效地反映其他教育投入的差异（张海峰等，2010），由于教育经费很大一部分投入教师及其相关的领域；① 第三，基于已有的数据找不到比师生比更好的度量指标，由于基础教育阶段还没有一项针对全国各地区的统一标准化考试，故无法用标准化考试成绩来衡量教育公共品质量。故本章参考了现有文献的做法，使用师生比来度量教育质量（傅勇，2010）。列（1）和列（2）分别汇报了以小学师生比和中学师生比为被解释变量的回归结果，结果表明，采矿业繁荣对当地教育公共品提供的影响不显著，说明采矿业繁荣没有明显改善当地义务教育公共服务。列（3）和列（4）分别汇报了以每万人医院病床数量和每万人医院医生数量为被解释变量的估计结果，回归结果均为负，但不显著，表明采矿业繁荣对地区医疗公共品提供也没有明显的影响。列（5）和列（6）分别汇报了以每万人公路里程数和每万人等级公路里程数为主要解释变量的回归结果，系数均不显著，说明采矿业繁荣对当地道路基础设施也没有明显的改善作用。

---

① 以 2018 年为例，普通小学和中学教育经费支出中 60% 为工资福利支出，数据来源于《中国教育经费统计年鉴 2019》。

表 5 – 6   采矿业繁荣对公共品提供的影响

变量	(1)	(2)	(3)	(4)	(5)	(6)
	小学师生比	中学师生比	每万人医院病床数量	每万人医院医生数量	每万人公路里程数	每万人等级公路里程数
$lnP_{t-2} \times \overline{q}_i$	0.012 (0.022)	0.027 (0.031)	- 0.037 (0.459)	- 0.268 (0.464)	0.784 (0.572)	0.782 (0.561)
初始特征 × 年份虚拟变量	是	是	是	是	是	是
地级市固定效应	是	是	是	是	是	是
年份固定效应	是	是	是	是	是	是
观测值	5758	5756	5621	5622	4173	4084
R^2	0.732	0.666	0.932	0.834	0.905	0.871

注：括号内数字为聚类到地级市层面的标准误。

表 5 – 6 是简约式（reduced-form）估计的结果，本章还尝试了工具变量回归。本章使用 1998～2013 年中国工业企业数据库计算了各个地级市历年的规模以上企业煤炭与石油产值，根据历年的煤炭和石油价格计算得到各个地级市每年的煤矿与石油产量，与工具变量构造方式一样得到本章的内生解释变量（各地级市的煤炭与石油产值），再将 1995 年的产量与 1998～2013 年滞后二期的矿产品价格的乘积作为工具变量，进行 2SLS 回归。表 5 – 7 汇报了二阶段的 F 统计值，均大于 10，表明不存在弱工具变量。表 5 – 7 工具变量的结果表明，地级市采矿业丰裕程度对所有公共品均没有显著的影响，与表 5 – 6 的简约式估计结果一致。

表 5 – 7   IV 估计结果

变量	小学师生比	中学师生比	每万人医院病床数量	每万人医院医生数量	每万人公路里程数	每万人等级公路里程数
地级市资源产值	0.182 (0.130)	0.076 (0.137)	- 0.412 (2.624)	2.590 (3.543)	- 1.266 (4.555)	- 3.349 (6.154)

续表

变量	小学 师生比	中学 师生比	每万人医院 病床数量	每万人医院 医生数量	每万人公路 里程数	每万人等级 公路里程数
初始特征 × 年份虚拟变量	是	是	是	是	是	是
地级市固定效应	是	是	是	是	是	是
年份固定效应	是	是	是	是	是	是
观测值	4084	4083	3938	3939	3896	3808
R^2	- 0. 131	0. 009	0. 150	- 0. 009	0. 148	0. 091
F 统计量	31. 633	31. 635	30. 476	30. 448	24. 669	25. 909

注：括号内数字为聚类到地级市层面的标准误。

为了证明基准结果的稳健性，本章同时也汇报了资源价格滞后三期（见表 5 - 8）矿产繁荣对各项公共品提供的影响，回归结果进一步说明资源繁荣对民生性公共服务没有显著的改善作用。

表 5 - 8　　　采矿业繁荣对公共品提供的影响：滞后三期的资源价格

变量	(1) 小学 师生比	(2) 中学 师生比	(3) 每万人医院 病床数量	(4) 每万人医院 医生数量	(5) 每万人公路 里程数	(6) 每万人等级 公路里程数
$\ln P_{t-3} \times \overline{q}_i$	0. 019 (0. 021)	0. 027 (0. 032)	- 0. 122 (0. 417)	- 0. 540 (0. 484)	0. 907 (0. 588)	0. 780 (0. 589)
初始特征 × 年份虚拟变量	是	是	是	是	是	是
地级市固定效应	是	是	是	是	是	是
年份固定效应	是	是	是	是	是	是
观测值	5758	5756	5621	5622	4173	4084
R^2	0. 732	0. 666	0. 932	0. 834	0. 905	0. 871

注：括号内数字为聚类到地级市层面的标准误。

由于有些地级市资源禀赋在本章的研究期间内可能会发生较大的变化，故为了剔除这些样本可能对结果带来一定的影响，本章接下来进行了如下的稳健性检验，首先，本章根据各地级市的统计年鉴、经济和社会发展统计公报或所属省的统计年鉴以及《中国煤炭工业年鉴》，整理了1995～2002年各地级市煤矿产量与石油产量数据，然后，我们将回归时间段改为2003～2018年，初始矿物产值用1995～2002年的地级市平均产值作为代理变量，重新对资源丰裕程度与公共品提供之间的关系进行了回归，结果见表5-9。从回归结果可知所有公共品变量回归系数均不显著，再次说明本章的结果具有稳健性。

表 5-9   稳健性检验

变量	小学师生比	中学师生比	每万人医院病床数量	每万人医院医生数量	每万人公路里程数	每万人等级公路里程数
$lnP_{t-2} \times \overline{q}_i$	0.039 (0.027)	0.000 (0.044)	-0.116 (0.086)	0.018 (0.025)	0.130 (0.079)	0.034 (0.066)
初始特征 × 年份虚拟变量	是	是	是	是	是	是
地级市固定效应	是	是	是	是	是	是
年份固定效应	是	是	是	是	是	是
观测值	4468	4466	3805	4359	3079	3036
R^2	0.828	0.795	0.786	0.962	0.944	0.931

注：括号内数字为聚类到地级市层面的标准误。

5.3.3 资源丰裕与财政支出效率

本章首先比较了内蒙古、山西、甘肃、新疆、宁夏和贵州五个省份地级市层面的行政支出效率，比较不同的资源性省份内部各个地级市的财政支出效率差异，见表5-10。从表5-10结果可知，这五个资源性省份的平均的纯技术效率值为0.793。表明1998～2006年这些地级市财政支出存在规模报酬递减的情况，财政支出效率有待提升。分不同省份来看，其中山西省所有地级市财政支出的综合效率值都小于 1。内蒙古除了乌海市、阿拉善盟以外，其他地级市或地区的综合效率值也低于 1。甘肃和宁夏几乎所有地级市或地区均面临财政支出规模报酬递减的情况，而新疆除了克拉玛依市财政支出效率等于 1 以外，大多数地区的财政支出效率均低于 1。

表 5 – 10　　　　　　　　五个代表资源省份地级市技术效率

地区	均值	地区	均值	地区	均值	地区	均值
呼和浩特市	0.73	朔州市	0.84	石嘴山市	0.96	临夏回族自治州	0.94
包头市	0.7	晋中市	0.59	吴忠市	0.74	甘南藏族自治州	0.87
乌海市	1	运城市	0.62	固原市	0.87	乌鲁木齐市	0.88
赤峰市	0.61	忻州市	0.59	中卫市	0.92	克拉玛依市	1
通辽市	0.55	临汾市	0.61	兰州市	0.72	吐鲁番市	0.69
鄂尔多斯市	0.84	吕梁地区	0.72	嘉峪关市	1	哈密市	0.78
呼伦贝尔市	0.61	贵阳市	0.74	金昌市	0.96	昌吉回族自治州	0.58
巴彦淖尔市	0.74	六盘水市	0.99	白银市	0.88	博尔塔拉蒙古自治州	0.75
乌兰察布市	0.77	遵义市	0.82	天水市	0.86	巴音郭楞蒙古自治州	0.59
兴安盟	0.67	安顺市	0.96	武威地区	0.83	阿克苏地区	0.75
锡林郭勒盟	0.74	铜仁市	0.87	张掖地区	0.8	克孜勒苏柯尔克孜自治州	0.90
阿拉善盟	1	黔西南布依族苗族自治州	0.93	平凉地区	0.9	喀什地区	0.84
太原市	0.62	毕节市	0.99	酒泉地区	0.75	和田地区	0.85
大同市	0.71	黔东南苗族侗族自治州	0.82	庆阳地区	0.86	伊犁哈萨克自治州	0.58
阳泉市	0.84	黔南布依族苗族自治州	0.77	定西市	0.93	塔城地区	0.62
长治市	0.66	银川市	0.88	陇南市	0.95	阿勒泰地区	0.70
晋城市	0.76						

接着，本章实证检验了资源价格波动与地级市财政综合技术效率之间的相关关系。根据相关文献，财政支出效率不仅受到矿业产值的影响，也会受到其他因素的影响，因此同时本章控制了其他的变量，如经济发展水平、人口密度、产业结构、固定资产投资。各变量的定义及计算方法见表 5 - 11。

表 5 - 11　　　　　　　　　　　定义及计算方式

变量名称	计算方法
综合技术效率	DEA 数据包络法
经济发展水平	GDP 除以各县市常住人口
人口密度	各县市总人口/面积
矿业产值	工业企业数据库中按行业代码加总
产业结构	第三产业增加值/第二产业增加值
固定资产投资	全社会固定资产投资完成额

矿业产值数据来自 1998 ~ 2006 年中国工业企业数据库，其他数据主要来源于 1999 ~ 2007 年中国地级市统计年鉴。表 5 - 12 是各变量的描述统计分析。

表 5 - 12　　　　　　　　　　　数据描述统计

变量	观测值	平均值	方差	最小值	最大值
综合效率	2996	0.26	0.23	0.02	1.00
矿业产值	2836	133.21	84.24	17.06	1706.96
财政收入	2985	353.71	230.24	7.30	1386.95
产业结构	2996	10.93	18.52	0.07	235.66
人口	2874	4.24	1.18	- 0.31	7.65
固定资产投资	2874	77.24	116.32	0.43	1302.82

由于矿业产值与财政支出效率之间存在双向因果关系，因此，为了解决内生性问题，本章用矿产价格波动作为矿业产值的工具变量，具体操作方法

参见第 3 章，研究矿业产值对财政支出综合效率的影响（见表 5 - 13）。

表 5 - 13　　　　　　　　资源丰裕与财政支出效率（2SLS）

变量	（1）财政支出效率	（2）财政支出效率	（3）财政支出效率	（4）财政支出效率	（5）财政支出效率
人均矿业产值	- 0. 0004 ** (0. 00016)	- 0. 0004 ** (0. 0002)	- 0. 0004 ** (0. 0002)	- 0. 00041 ** (0. 0002)	- 0. 00046 ** (0. 0002)
产业结构		0. 0002 (0. 0002)	0. 0002 (0. 0002)	0. 0002 (0. 0002)	0. 0002 (0. 0002)
人口数量			0. 0001 (0. 0001)	0. 0001 (0. 0001)	0. 0001 (0. 0001)
财政收入				0. 0002 (0. 0007)	0. 0004 (0. 0010)
固定资产投资					0. 000 (0. 0001)
观测值	2978	2818	2811	2811	2748
R^2	0. 690	0. 694	0. 691	0. 687	0. 670

注：回归中包含了常数项但表中并未报告；***、**、* 分别表示在 1%、5% 和 10% 水平下显著；括号内数字为聚类标准误，cluster 到县市层面。

表 5 - 13 的结果表明人均矿业产值对财政支出效率有显著的负向影响，且结果在 1% 的水平下显著，矿业产值增加 1 亿元，规模技术效率将降低 0. 0004。说明资源丰裕使得当地政府的效率水平变得更差了。

5.4　机制分析

5.4.1　采矿业丰裕导致财政供养人员数量增加

接下来，本章继续考察了采矿业繁荣对地方财政供养人数的影响。本章使用财政供养人员与地级市人口的占比来衡量政府雇员规模，回归结果见

表 5 – 14。列（1）表明当矿产资源价格上升时，该地区每万人口中财政供养人员将显著增加，具体而言，若地区以煤矿为主，当煤矿价格上涨 10%，每万人口中将多增加 1.79% 的财政供养人员数量。同时，本章也发现资源价格上涨的效应具有滞后性，上一期价格上涨对当期财政人员数量依旧有显著的影响，见列（2），结果依旧在 1% 水平下显著为正。财政供养人员数量的膨胀，需要耗费大量的行政管理经费，因此可以部分解释为何公共品没有显著提升。现有研究表明政府人员规模与地方政府治理恶化之间存在正向相关关系，因此财政供养人数的膨胀也反映出地方财政资金使用偏离了理想的财政回应性（周黎安和陶婧，2009）。

表 5 – 14   采矿业繁荣对地方财政供养人员的影响（reduce-form）

变量	(1)	(2)
	每万人财政供养人员数量	每万人财政供养人员数量
$\ln P_t \times \bar{q}_i$	1.374 *** (0.285)	
$\ln P_{t-1} \times \bar{q}_i$		1.163 *** (0.270)
初始特征 × 年份虚拟变量	是	是
地级市固定效应	是	是
年份固定效应	是	是
观测值	3984	3984
R^2	0.901	0.901

注：***、**、* 分别表示在 1%、5% 和 10% 水平下显著，括号内数字为聚类到地级市层面的标准误。

为了检验财政供养人口是否存在向下刚性，本章根据资源价格的年度变化方向设置了时间虚拟变量，资源价格下跌年份赋值 1，反之虚拟变量取值为 0。结果见表 5 – 15。从结果可知，交互项的系数不显著，这说明采矿业繁荣对财政供养人口的影响具有对称性，资源价格上升期，财政供养人口相对膨胀，资源价格下跌期，财政供养人口数量相对收缩。值得注意的是，通过回归分析仅能得到"相对"值,即准确来讲,资源价格上升期,资源丰裕地区的财政供养人口相对增长更快,资源价格下跌期,资源丰裕地区的财政供养人口相对增长更慢。实际上,我们查看了地级市层面的财政供养人口数据,不论资源丰裕地区,还是资源贫乏地区,财政供养人口大多随时间推移明显增加。对于资源丰裕①地区,财政供养人口相比上一年增加的城市一年份观测值占93.6%,减少的观测值仅占6.4%。对于资源贫乏地区,财政供养人口相比上一年增加的城市一年份观测值占89.6%,减少的观测值仅占10.4%。

表 5-15 资源价格与财政供养人口(reduce-form)

变量	财政供养人口
$\ln P_t \times \overline{q}_i$	1.353 *** (0.294)
$\ln P_t \times \overline{q}_i \times fall$	-0.011 (0.013)
观测值	3984
R^2	0.901

注: *** 表示在1%水平下显著,括号内数字为聚类到地级市层面的标准误。

5.4.2 采矿业繁荣与财政资金违规使用

进一步,本章研究了采矿业繁荣对地方财政资金滥用的影响。本章搜集了2002~2018年《中国审计年鉴》,该年鉴提供了审计机构披露的每个地级市政府财政违规资金的数额。本章使用人均审计违规金额来衡量地方财政资金滥用程度。回归结果见表5-16,列(1)结果显示当期的采矿业价格上涨对人均审计违规金额没有显著影响,但是列(2)的结果表明上一期资源价格对当期人均审计违规金额有显著正向影响,且当资源价格上涨10%,以

---

① 这里区分资源贫乏和资源丰裕,采用资源产值×价格对数值的中位数。

煤炭为主的地区人均审计违规金额将显著上升4.77%，造成财政资金使用效率低下，这也可以部分解释为何财政支出数额的增加，未能有效转化为公共品供给的提升。

表5-16　　采矿业繁荣对财政资金违规使用的影响（reduce-form）

变量	（1）	（2）
	人均审计违规金额	人均审计违规金额
$\ln P_t \times \overline{q}_i$	2.615 （1.762）	
$\ln P_{t-1} \times \overline{q}_i$		3.673** （1.456）
初始特征×年份虚拟变量	是	是
市固定效应	是	是
年份固定效应	是	是
观测值	5396	5396
R^2	0.828	0.829

注：***、**、*分别表示在1%、5%和10%水平下显著，括号内数字为聚类到地级市层面的标准误。

5.5　案例分析

随着鄂尔多斯市财政实力大幅增强，其财政支出的规模也不断扩大，从1998年到2006年，鄂尔多斯市的财政支出规模从78812万元增加到792445万元，增长了9.05倍。表5-17是鄂尔多斯市历年的财政支出结构，从表中结果可知，1998年，在所有支出中行政管理费用的比重是最高的，占总支出的比重为14%。1998～2006年，基本建设支出占比的增幅最快，从1998年的9.14%增长至2005年的26.6%，而教育事业费的占比从12%跌至不到10%。社会保障补助支出的比重一直较低，维持在2%左右。基本建设支出和行政管理费支出的比重之和在2005年达到了40%，这两项支出的全国平均占比为 19.2%，鄂尔多斯市远远超出了平均水平，教育支出水平则落后于全国平均支出水平占比（24%）。从以上结果分析，鄂尔多斯市财政支出相对于全国平均水平更加偏向于基本建设支出和行政管理支出。

表 5 - 17　　　　　　　　　　鄂尔多斯市各财政支出占比　　　　　　　　单位：%

年份	基本建设支出	支援农村生产支出	农林水气事业费	教育事业费	社会保障补助支出	行政管理费	公检法司支出
1998	9.14	4.10	5.93	12.09	1.07	14.20	4.36
1999	10.08	3.37	5.66	12.58	2.04	14.43	4.60
2000	14.62	2.71	5.31	11.96	2.36	14.70	4.29
2001	21.13	2.95	7.00	10.96	2.26	13.40	3.85
2002	23.63	1.82	7.50	11.13	2.53	13.82	4.43
2003	23.10	3.29	3.29	9.83	3.15	13.91	3.83
2004	23.12	3.38	9.04	9.51	2.35	13.22	3.58
2005	26.60	4.40	4.20	9.06	2.08	13.54	3.18
2006	23.36	3.97	5.42	8.97	2.44	11.93	3.71

资料来源：全国地市县财政统计数据。

5.6　本章小结

本章基于中国县市财政数据和中国工业企业数据，采用工具变量法回归（2SLS）研究了矿产资源价格波动对于政府公共支出和公共品提供的影响，根据各项财政支出占比推算的理论值表明，资源丰裕的地方政府更加偏向于基础设施建设支出，而对民生性支出尤其是教育支出不足。一个可能的解释是矿产行业属于资本密集型行业，对劳动力的技能要求并不高，由于资源部门劳动者的相对工资更高，受教育的机会成本增加，因此，地方政府对教育的重视程度不高。且矿产所处的位置比较隐蔽，基础设施建设有利于提高矿产资源的市场参与度。另外，资源价格上涨会显著提高当地政府的行政管理支出和公检法支出，可能的原因是地方政府资源收入突然增加，导致财政预算软约束，行政管理中的浪费现象会相应增加，其中公用经费过多是行政管理支出膨胀的直接原因之一。而公检法支出增加的原因可能是资源丰裕地区涉及的利益纠纷更多，从而地区在治安方面的投入也更多。从公共品提供来看，本章发现资源价格上涨对教育和医疗公共品均没有显著影响。进一步分析发现，资源丰裕地区会增加该县市道路里程。同时，本章发现资源型地区资源越丰裕，财政支出效率显著下降。根据以上实证结果，本章认为资源型地区应该优化财政支出结构，控制行政管理费的过快增长，继续加大对教育的投入力度，提高当地的人力资本水平。

第 6 章　采矿业繁荣与企业创新

推进资源型地区创新发展，是加快补齐转型发展短板的重要举措。党的十九届五中全会审议通过的《中共中央关于制定国民经济和社会发展第十四个五年规划和 2035 年远景目标的建议》将创新作为各项规划的首要任务，把创新作为引领发展的第一动力。然而，与中国大多数非资源丰裕地区相比，采矿业繁荣地区创新发展仍处于较低水平，数据显示，中国山西省 2022 年研发投入为 251.9 亿元，占 GDP 比重仅为 0.98%，远低于全国研发投入经费占 GDP 比重（2.55%）。[①] 故促进地区创新是当前资源型地区的重要任务，对实现资源型地区可持续发展具有重要的意义。且随着中国经济逐步进入创新驱动增长阶段，资源型地区由资源驱动向创新驱动转型也将成为经济高质量发展的必然要求。在此背景下，提出本章的研究问题：随着资源价格的大幅上涨，资源禀赋较高地区的财政收入将面临自然资源带来的"意外横财"，那么丰裕的资源性财政收入将如何影响资源型地区的科技创新水平？本章将试图回答这一问题。

6.1　问题的提出

自然资源在经济发展中扮演着非常重要的角色，为国民经济持续健康发

[①]　资料来源：郭卫艳. 科技研究与开发经费　我省去年投入 251.9 亿元 [N]. 山西晚报，2023 - 3 - 2。陆娅楠 . 2022 年我国研发经费投入突破 3 万亿元 [N]. 人民日报，2023 - 1 - 27。

展提供了重要的能源支撑。丰裕的自然资源是资源型地区工业利润和财政收入的重要来源，理应为当地政府改善公共服务、营造良好的营商环境提供资金支持，进而带动地区创新发展。同时有为政府应因势利导，以自然资源为撬杠，带动其上下游关联产业发展，促进地区产业结构升级以及产业多样性（林毅夫，2012），进而提升地区创新水平。然而，由于资源丰裕使得地区在资源密集型产业中具有比较优势，因此在产业分工中逐步向资源更密集的重工业发展，普遍呈现自主创新激励不足等问题（李江龙和徐斌，2018）。这说明资源丰裕可能会促进地区创新，也可能对地区创新产生消极影响。

改革开放 40 多年来，中国经济增长取得了举世瞩目的成就。伴随快速的经济增长，资源丰裕地区依托其重化工业的比较优势，大力发展资源密集型产业，并完成了原始的资本积累。然而由于资源型地区过度依赖自然资源，经济结构单一，产生了"锁定效应"和"黏滞效应"。据统计，资源丰裕地区的矿业产值占城市工业产值比重均大于 10%，如鄂尔多斯市 2021 年大中型采矿业企业主营业务收入为 1914.9 亿元，占全市工业总产值的 62%。随着中国经济向新动能转换，资源型地区面临经济增长持续下行：矿产资源排名前 10 的地级市人均 GDP 增长率由 2008 年的 23% 下降到 2013 年的 3.6%，2019 年增长率仅为 -3.5%（均相较于上一年）。[1] 资源型地区经济增长下行除了受宏观经济形势影响外，主要受到单纯依赖于自然资源消耗的传统动能逐渐减弱、创新动能培育不足的影响，导致新动能带来的增长无法对冲传统动能弱化带来的缺口。在当前经济下行和转型升级压力增大的新形势下，如何通过政策引导实现资源型地区转型是学术界和政策层关注和争论的焦点问题。

与资源型地区经济转型发展相关的一个典型事实是，资源丰裕地区面临较低的创新发展水平。资源产业本身是技术相对成熟的产业，对一个地区的技术创新贡献实际上是不足的，而且其本身是技术含量比较低的一个行业，通过资源产业带动整个产业技术升级，优势并不明显。截至 2019 年，资源型地区研究与开发（R&D）人员平均规模为 1.16 万人，普遍低于全国平均水平，而非资源型地区平均规模为 1.71 万人。作为典型的资源型地区，山

---

① 资料来源：历年鄂尔多斯市统计年鉴。

西省更为突出，R&D 人员合计为 0.57 万人，其中博士毕业比例为 8.85%，明显低于全国平均水平（19.76%），R&D 支出仅为 16.54 亿元，而全国省份平均 R&D 支出规模达到 99.38 亿元。创新人员以及经费的不足直接导致山西省高新技术产业发展滞后，2019 年全省高新技术产业营业收入在全国排名为第 20 位，仅为广东省的 2.73%，高新技术产业利润总额全国排名第 23 位，为广东省的 2.05%。[①] 本章采用采矿业产值衡量资源丰裕程度，计算了 1998～2018 年资源丰裕度最靠前和最靠后的 10 个城市的人均 GDP 增长率以及创新创业综合得分年均变化情况（见图 6-1），可以看出，相对资源较匮乏地区，资源丰裕地区表现出更低的 GDP 增长率以及较低的创新创业得分数。

　　与资源丰裕地区转型相关的另一个典型事实是各个地级市资源分布极不均衡。中国原煤产量最高的城市是大同市，达到 8486 万吨，而有近 42% 的地级市原煤产量为 0。[②] 从区域经济发展的角度看，东部地区市场空间较大但资源相对贫乏，资源更多地分布在原本创新不足的中西部地区，因此中西部资源丰裕地区在向创新驱动发展转型过程中面临更大挑战。

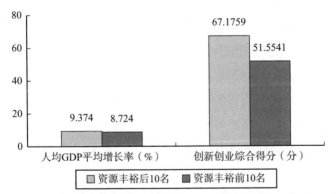

图 6-1　资源丰裕度最前和最后 10 个地级市生产总值增长率以及创新创业综合得分
资料来源：1999～2019 年《中国城市统计年鉴》与北京大学中国企业创新创业调查数据。

　　由此，可以归纳出以下典型事实：自然资源的分布呈现"中西多东少"的特征，且资源越丰裕的地区创新发展水平越低。下面本章从三个方面解释

---

① 资料来源：历年《中国科技统计年鉴》。
② 资料来源：2021 年《大同统计年鉴》。

了资源丰裕程度不同的地区在实现创新增长上的差异。

内生增长理论表明，地区技术创新来源于研发投入和知识溢出。其中，研发投入主要包括地区 R&D 支出以及人力资本投入。根据已有研究，自然资源对地区创新的影响机制主要包括以下几个方面。

（1）资源丰裕将导致人力资源在不同部门之间重新配置。已有研究表明人才往往被资源租金所吸引，而不是通过生产率提升以及创新获得收入（Baumol，1990；Murphy et al.，1991），因为创新的机会成本可能远远高于资源寻租的机会成本（Mehlum et al.，2006；Torvik，2002），从而造成人力资源的错配，进而抑制企业创新活动。此外，资源丰裕导致其他部门劳动力工资上涨，企业经营成本上升，创新活动减少，损害了企业家精神，并抑制其他部门创新水平的提高。

（2）资源丰裕会影响政府支出结构和效率，一方面，随着资源收入的增加，地方政府有更多的财力用于技术研发投入以及研发人员的培养，将有利于地区创新水平的提升；另一方面，资源丰裕可能会挤出人力资本投资以及研发支出，降低地区教育水平，而受过教育的劳动力更善于创造、实施和采用新技术（Benhabib and Spiegel，1994），故不利于地区创新水平的提高。结合中国实际，地方官员在晋升的激励约束下，更倾向于提供能在短期带来经济收益的基础设施投资，而缺乏激励去投资长期带来回报的教育以及科技支出。地方政府的短视使得地区教育与科技支出不足。同时，较高的资源租金容易诱发腐败，在存在腐败的情况下，创新企业为获得政府相关的许可证以及其他必要文件的成本高昂，增加了企业的经营成本，不利于企业创新。

（3）资源丰裕还通过影响地区经济多样性来影响创新水平的提高。外部性理论表明，当不同产业的集聚将使得不同类型的知识、信息和技术跨产业交流和碰撞，从而获得知识与技术的重组，促进技术的进步。如果资源丰裕成为地区发展的"推动力"（big push），带动其他产业的发展，将有助于增强产业的集聚效应，提高经济的多样化，从而有利于提高资源型地区创新水平。但如果资源丰裕挤出了其他部门的发展，地区经济多样性下降，将降低创新水平（Gylfason，2000）。在中国，资源型地区普遍呈产业结构单一、产业链条短、对资源产业依赖程度较高的现状。在资源繁荣时期，尤其在 2003 ～ 2008 年，中国山西省的自然资源对 GDP 的平均贡献率大于 40% 。

6.2　数据和识别策略

6.2.1　模型设定

为了检验资源禀赋对地区创新水平的影响，本章基于 1998 ～ 2018 年的地级市面板数据设定基准模型，即：

$$Y_{ct} = \alpha_{31} + \beta_1 \ln(p_{t-1}) \times \overline{q_{c,1995}} + \sum_{j=1}^{n} \theta_j \cdot X_{ct} + \mu_c + v_t + \varepsilon_{ct} \quad (6-1)$$

其中，Y_{ct} 表示地级市 c 在时间 t 的创新水平；$\ln(p_{t-1}) \times \overline{q_{c,1995}}$ 表示地级市 c 的采矿业繁荣程度，其中 p_{t-1} 表示国际资源价格按当年美元兑人民币的汇率折算成以人民币为单位的滞后一期价格；$\overline{q_{c,1995}}$ 表示地级市在 1995 年的初始资源禀赋，$\ln(p_{t-1}) \times \overline{q_{c,1995}}$ 表示地级市 c 资源初始禀赋在不同年份的现价（具体计算见第 3 章）。具体地，本章利用 1995 年全国工业普查企业微观数据，计算出 1995 年 c 地级市的人均煤炭产值。X_{ct} 表示控制变量，c、t 分别表示地级市和年份，μ_c 为地级市固定效应，v_t 为时间固定效应，ε_{ct} 表示误差项。这里使用煤炭产值作为地区资源禀赋主要是由于煤炭开采产值占采矿业总产值的 50% 以上，故用煤炭作为资源禀赋的代理变量具有一定的代表性，这也是为了更好地解读回归结果。

由于资源丰裕对地区创新水平的影响存在滞后，故本章使用地级市 c 的初始矿产资源禀赋 $\overline{q_{c,1995}}$ 与第 $t-1$ 年的自然资源价格 p_{t-1} 的交乘项来表示当上一年国际市场上资源的价格上升时，如果地级市 c 在初始拥有丰富的资源禀赋，那么地级市 c 在 $t-1$ 年的采矿业繁荣程度就会上升。同时，本章使用了滞后二期或三期的价格进行稳健性检验。

式（6-1）是基于地级市层面的数据进行研究，为了进一步检验资源禀赋对企业创新的影响，本章使用 1998 ～ 2013 年企业层面的数据对资源禀赋与企业创新之间的关系进行了检验，回归模型如下：

$$Y_{cft} = \alpha_2 + \beta_2 \ln(p_{t-1}) \times \overline{q_{c,1995}} + \sum_{j=1}^{n} \theta_j \cdot X_{ct} + \sum_{l=1}^{m} m_l \cdot Z_{cft} + o_f + v_t + \varepsilon_{cft}$$

$$(6-2)$$

在式（6-2）中，Y_{cft} 表示地级市地区 c 在时间 t 年份的企业 f 的创新水平，包括企业人力资本、创新投入等指标。Z_{cft} 分别表示企业层面的控制向量，v_t 表示年份固定效应，o_f 表示企业的固定效应，ε_{cft} 是随机扰动项。

6.2.2 数据说明和变量定义

被解释变量：创新水平。关于地区创新能力的度量，本章借鉴了张晓波的研究思路，使用中国企业创新创业调查（ESIEC）得到的区域创新创业指数（以下简称创新指数）来衡量地级市创新能力，该指数考察了 1990～2018 年中国大陆境内"全量"企业工商注册数据，立足企业家、资本与技术三大核心要素，从新建企业数量、吸引外来投资、吸引风险投资、专利授权数量和商标注册数量 5 个维度，全面综合反映地区创新创业成果。本章选择该创新指数衡量地区创新水平，主要考量的因素有以下几点。首先，现有的研究中用来衡量创新的宏观指标主要以 R&D 支出或发明专利数量来度量，前者由于会计制度不够完善，虚报问题比较严重；[①]后者由于不同专利的价值差别较大，故使用专利数量衡量存在较大的误差，同时专利只是创新产出的一种，创新主体还可能存在著作权、商标权等其他形式的创新产出，这些创新产出方式尽管难以度量但是可以通过企业经营活动实现，而本章所用的创新指数则充分考虑了上述情况。其次，尽管现有研究中也有使用创新评价指数，但多关注规模以上企业或高新技术企业，忽略了更具创新精神的中小微企业。而 ESICE 得到的创新指数结合了大数据思维和技术，涉及企业工商注册数据、VC/PE 投资数据、专利

---

① 寇宗来等（2017）调研发现，基于减税目的，许多企业（尤其是非上市企业）都倾向于高报 R&D 支出。

和商标数据，涵盖了全部行业、全部规模的企业，特别是覆盖了全量创新创业活跃度高的中小微企业和创业期企业。最后，ESICE 计算得到的创新指数将创新与创业有机结合起来，更好地体现了地区的创新力。且创新指数聚焦地区内部企业创新创业的实际产出而非投入，分析过程中采用客观指标而非主观评价。创新指数得分值处于 0～100 分之间，数值越大意味着地区创新水平越高。

在稳健性检验中，本章还选取了每个地级市当年外观专利授权数量以及实用专利授权数量来衡量地区创新程度。在企业层面，本章选取了发明专利数量、实用型专利数量、外观专利数目来衡量企业创新水平。

核心解释变量：地区资源丰裕程度。国内现有研究中大多使用地区采掘业固定资产投资占固定资产投资总额比重或能源工业产值占工业总产值比重作为衡量指标，这些指标更多反映的是资源依赖度，但不能准确反映地区的资源丰裕程度，还可能带来额外的内生性问题。此外，地区创新水平与资源丰裕程度可能存在反向因果关系，地级市的技术创新水平的提高，将会影响当地矿产企业的行为和产出数量。还可能存在同时影响地区创新水平以及资源丰裕程度的不可观测变量，产生遗漏变量问题。为了解决上述原因带来的内生性问题，本章使用国际资源价格这一外生冲击来更好地识别资源禀赋对地区创新的影响。

具体地，首先，每个地级市初始的人均资源禀赋（$\overline{q_{c,1995}}$）是根据 1995 年《中华人民共和国 1995 年全国工业普查资料汇编》（以下简称全国工业普查资料）中提供的煤炭开采业的销售产值加总后除以 1995 年的煤炭价格，再除以地级市年末总人口得到。由于全国工业普查资料包括了所有煤炭采矿企业，故可以较好地反映一个地区的资源禀赋。其次，用初始的资源禀赋与外生的世界煤炭价格对数值来模拟出历年的资源丰裕程度，本质上是份额移动法构造的工具变量，即 Bartik IV（Bartik，1991）。该工具变量可以很好地解决遗漏变量、反向因果等原因导致的内生性问题，得到一致性估计结果。本章使用 1995 年地级市资源禀赋，而本章研究时间段为 1998～2018 年，故不受样本期采矿业企业产量的影响；此外，国际资源价格的变化不会受到中国某个地级市采矿业行为的影响，即使中国是某些矿产资源的主要产出国，但是某一个地级市 c 对整个国际资源价格的影响非常微小。因此，使用国际资源价格可以较好地解决资源丰裕的内生性问题。

控制变量：根据已有文献（任晶和杨青山，2008；黄乾，2009）的做法，本章的控制变量主要包括两类：一是地级市层面的控制变量，包括人口密度，即年末总人口与行政面积的比值取自然对数；经济发展水平，本章使用人均实际国内生产总值的自然对数来表示；产业结构水平，用第二产业与第三产业的增加值比值表示；人均财政收入水平；公路货运量（万吨）的对数；中小学生在校人数（万人）的对数；医院床位数（张）的对数。二是企业层面的控制变量，主要包括企业销售额与总产值之比、企业年龄的对数、出口额占总产值的比重、债务水平。

本章使用的地级市控制变量数据来源于 1999 ~ 2019 年《中国城市统计年鉴》，教育支出和科技支出数据来源于《中国区域经济统计年鉴》和《中国县（市）社会经济统计年鉴》，部分地区人口缺失数据来源于《中华人民共和国全国分县市人口统计资料》。企业层面数据主要来源于 1998 ~ 2013 年《中国工业企业数据库》和《企业专利数据库》。

本章煤矿的国际市场价格数据来自世界银行大宗商品价格数据集。地级市 1998 ~ 2018 年的创新创业指数来自北京大学企业大数据研究中心组织的中国企业创新创业调查（ESIEC）。地级市的发明专利获得数量的数据来自中国研究数据服务平台（CNRDS）。

由于西藏数据缺失严重，本章样本剔除了西藏自治区，同时由于直辖市在行政级别上与其他地级市存在较大差异，所以本章样本剔除了北京市、上海市、天津市、重庆市四个直辖市。此外，对所有变量在 1% 和 99% 分位数上做缩尾处理。

6.3　实证结果

6.3.1　基准估计结果

表 6 - 1 报告的是基于式（6 - 1）进行的回归结果，本章使用地级市创

新指数得分作为地区创新水平的度量指标。表6-1列（1）至列（3）汇报了依次加入了公路货运量、人口密度、人均GDP、产业结构等控制变量的回归结果，核心解释变量的回归系数大小没有发生本质变化，且结果至少通过显著性水平为5%的统计检验，这表明结果与理论分析一致，资源丰裕程度对地区创新水平有"诅咒"效应。以列（3）为例，其经济含义是，当上一期资源价格平均上涨10%时，若地级市资源禀赋处于平均水平（1.1吨/人），则地级市创新指数得分将显著下降2.486分（0.226×1.1×10%×100），当地级市资源禀赋较平均水平增加一个标准差（6.6吨/人），创新指数得分将显著下降17.402分。

控制变量的结果显示，地级市人均财政收入水平、公路货运量、中小学生在校人数、医院床位数等公共产品服务供给水平的提升，均显著地提高了该地区的创新指数得分，均有利于提升该地区的创新能力水平，这与现实情况是相符的。

表6-1　　　　　　　　　　资源丰裕与地级市创新指数得分

变量	（1）	（2）	（3）
$\ln(p_{t-1}) \times q_{c,1995}$	-0.157** (0.071)	-0.212*** (0.069)	-0.226*** (0.058)
公路货运量	0.071*** (0.019)	0.062*** (0.018)	0.059*** (0.019)
中小学生在校人数	0.077 (0.059)	0.166*** (0.062)	0.154** (0.070)
医院床位数	0.198*** (0.054)	0.150*** (0.052)	0.158*** (0.051)
人均财政收入水平		0.191*** (0.032)	0.128*** (0.042)
人口密度			0.157** (0.078)

续表

变量	(1)	(2)	(3)
人均 GDP 水平			0.228 *** (0.068)
产业结构水平			− 0.048 * (0.026)
时间固定效应	是	是	是
地级市固定效应	是	是	是
观测值	5927	5927	5890
R²	0.825	0.828	0.829

注: *** 、 ** 和 * 分别表示 1% 、5% 和 10% 的显著性水平, 括号内是标准误, 标准误均聚类 (cluster) 在地级市层面。

6.3.2 稳健性检验

1. 变换解释变量设置

回归分析中, 核心解释变量的回归系数是否具有稳健性对所设定的计量模型有重要意义。我们接下来通过各种策略对上述结论进行稳健性检验。表 6 - 1 采用"地级市采矿业资源的滞后一期价格"作为核心解释变量, 这里更换解释变量的设置。表 6 - 2 列 (1) 将资源丰裕程度设定为"资源价格滞后二期的对数值乘以初始禀赋", 其系数在 1% 统计水平显著为负。列 (2) 将资源丰裕程度设定为"资源价格滞后三期的对数值乘以初始禀赋", 其系数在 1% 统计水平显著为负。列 (3) 将资源丰裕程度设定为"资源价格滞后四期的对数值乘以初始禀赋", 其系数仍在 1% 统计水平显著为负, 但系数变小了。综上所述, 资源丰富对地区技术创新的影响具有一定的滞后作用, 且从回归系数大小来看, 抑制作用在短期 (1 ~ 3 年) 仍较强, 在第四年开始逐渐减弱。

表 6 – 2　　　　　　　　　　稳健性检验 1

变量	（1）	（2）	（3）
$\ln(p_{t-2}) \times q_{c,1995}$	- 0. 226 *** （0. 058）		
$\ln(p_{t-3}) \times q_{c,1995}$		- 0. 253 *** （0. 069）	
$\ln(p_{t-4}) \times q_{c,1995}$			- 0. 182 *** （0. 0624）
控制变量	是	是	是
时间虚拟变量	是	是	是
地级市虚拟变量	是	是	是
观测值	5890	5797	5697
R^2	0. 829	0. 830	0. 832

注：*** 表示 1% 的显著性水平，括号内是标准误，标准误均聚类（cluster）在地级市层面，控制变量同表 6 – 1 列（4）一致。

2. 采用不同的被解释变量

进一步通过更换被解释变量，以地级市人均创新指数得分、单位面积创新指数得分、实用新型专利数量得分、实用型专利获得数量、外观专利数量得分、外观专利数量、商标授权数目得分衡量地区创新程度，检验本章基本结果的稳健性。结果见表 6 – 3，其中列（1）和列（2）的回归系数均显著为负，表明采矿业繁荣程度增加将降低该地级市的人均创新能力指数得分以及单位面积创新能力指数得分。表 6 – 3 列（3）至列（6）分别以实用新型专利数量得分、实用型专利获得数量、外观专利数量得分、外观专利数量作为被解释变量。从回归系数的符号可知，回归结果显示资源丰裕对实用型专利数量有显著负向影响，对外观设计专利数量影响为负但对外观设计数量得分有显著负向影响。以上结果表明，资源丰裕并未有效刺激地区技术改进和突破。列（7）以商标授权数目得分为被解释变量，回归系数显著为负，表明资源丰裕同时抑制了以商标权形式的创新产出。

表 6 – 3   稳健性检验 2

变量	(1)	(2)	(3)	(4)	(5)	(6)	(7)
	人均创新指数得分	单位面积创新指数得分	实用型专利数量得分	Ln（获得实用型专利数量）	外观专利数量得分	Ln（获得外观专利数量）	商标授权数目得分
$\ln(p_{t-1}) \times q_{c,1995}$	-0.273*** (0.0709)	-0.121*** (0.0454)	-0.190 (0.186)	-0.103* (0.062)	-0.339*** (0.116)	-0.052 (0.091)	-0.140** (0.0707)
控制变量	是	是	是	是	是	是	是
时间虚拟变量	是	是	是	是	是	是	是
地级市虚拟变量	是	是	是	是	是	是	是
观测值	5890	5890	5890	5427	5890	5332	5890
R^2	0.855	0.967	0.500	0.943	0.705	0.892	0.867

注：***、**和*分别表示 1%、5% 和 10% 的显著性水平，括号内是标准误，控制变量同表 6 – 1 列（3）一致。

3. 更换样本期的检验结果

考虑到地级市在本章样本期内矿物产量可能发生较大变化，会影响本章的估计结果，故接下来本章采用 1995～2002 年地级市矿物产量的平均值作为初始资源禀赋，此时，经验分析的面板数据年份为 2003～2018 年，回归结果依旧与基准模型结果一致，再次佐证了本章的结论（见表 6 – 4）。

表 6 – 4   稳健性检验 3

变量	创新创业总得分
$\ln(p_{t-1}) \times q_{c,2002}$	-0.077** (0.033)
控制变量	是
时间虚拟变量	是
地级市虚拟变量	是

续表

变量	创新创业总得分
观测值	4663
R^2	0.840

注：** 表示 5% 的显著性水平，括号内是标准误，控制变量同表 6-1 列（3）一致。

6.3.3 企业层面的微观证据

在基准模型和稳健性分析中，我们已经从多个角度论证了资源丰富程度对区域创新能力的抑制作用。接下来，我们从微观层面，采用 1998～2013 年的中国工业企业数据和企业专利数据，进一步考察地区资源丰裕程度对制造业企业创新水平的影响。

根据式（6-2），汇报了所有制造业专利申请和获得情况，此外，将样本分为两个子样本，一个子样本是与煤炭石油开采高度相关的石油、煤炭及其他燃料加工业和化学原料和化学制品制造业，另一个子样本是除去上述行业以外的制造业。表 6-5 列（1）和列（2）的回归结果表明，在控制了企业层面的控制变量以及时间和企业固定效应之后，资源丰裕程度提高对企业申请专利以及获得专利数量均有显著的负向作用，且回归系数至少在 10% 的水平上显著。从回归系数的大小来看，资源丰裕对企业专利申请数量的负向作用更为明显，说明资源丰裕减弱了企业创新的动力。列（3）和列（4）的结果表明，资源丰裕程度对与其密切相关的煤炭与石油加工等行业的专利申请和专利获得的影响系数为正，但在统计上不显著。此外，资源丰裕会抑制与其密切相关制造业的外观型专利的获得。表 6-5 列（5）和列（6）的结果表明，地级市的资源丰裕程度对其他制造业专利的申请数量和获得数量均有显著抑制作用。从表 6-5 的后半部分进一步发现，资源丰裕程度显著抑制了制造业外观型专利的申请数量及获得数量。从回归系数的大小可以看出，资源丰裕对外观型专利申请数量的影响更大，并且对其他制造业实用型专利获得数量有显著负向作用。

表 6 - 5　　　　　　　　　　资源丰裕与企业创新的回归结果

（一）

变量	(1)	(2)	(3)	(4)	(5)	(6)
	所有制造业（不含采矿业）		煤炭与石油加工业		其他制造业	
	专利申请数量	专利获得数量	专利申请数量	专利获得数量	专利申请数量	专利获得数量
$\ln(p_{t-1}) \times q_{c,1995}$	-0.379 *** (0.128)	-0.044 * (0.023)	0.260 (0.374)	0.0003 (0.015)	-0.492 *** (0.110)	-0.058 ** (0.029)
R^2	0.063	0.005	0.059	0.016	0.067	0.005
控制变量	是	是	是	是	是	是
时间虚拟变量	是	是	是	是	是	是
企业虚拟变量	是	是	是	是	是	是
观测值	170867	170867	12965	12965	157886	157886

（二）

变量	(1)	(2)	(3)	(4)	(5)	(6)
	所有制造业（不含采矿业）		煤炭与石油加工业		其他制造业	
	实用型专利申请数量	实用型专利获得数量	实用型专利申请数量	实用型专利获得数量	实用型专利申请数量	实用型专利获得数量
$\ln(p_{t-1}) \times q_{c,1995}$	-0.115 (0.171)	-0.0173 (0.014)	0.207 (0.259)	0.023 (0.018)	-0.145 (0.197)	-0.029 * (0.017)
R^2	0.047	0.006	0.073	0.017	0.047	0.006
观测值	170867	170867	12965	12965	157886	157886
变量	外观型专利申请数量	外观型专利获得数量	外观型专利申请数量	外观型专利获得数量	外观型专利申请数量	外观型专利获得数量
$\ln(p_{t-1}) \times q_{c,1995}$	-0.177 ** (0.079)	-0.134 * (0.077)	-0.141 (0.154)	-0.326 *** (0.115)	-0.186 ** (0.089)	-0.118 (0.087)
R^2	0.044	0.042	0.063	0.070	0.043	0.042
观测值	170867	170867	12965	12965	157886	157886

注：*** 、** 和 * 分别表示 1%、5% 和 10% 的显著性水平，括号内是标准误，标准误均聚类（cluster）在地级市层面。控制变量包括地级市层面变量，同表 6 - 1 列 (3) 一致，同时控制了企业层面，控制变量包括：企业销售额与总产值之比、企业年龄的对数值、出口额占总产值的比重、债务水平。

6.4 机制检验

第 5 章的经验分析结果有力地论证了资源丰裕对地区创新能力的"诅咒"现象。本章接下来对其影响机制进行剖析,主要包括人力资本在行业结构中的重新配置、公共支出规模与效率、市场创新制度与产业多样性等方面。

6.4.1 人力资源的重新配置

已有文献表明,当地区资源丰裕时,资源部门丰厚的利润将诱导劳动力从非资源部门转入资源部门,造成人力资源配置扭曲。为了验证上述观点,本章检验了资源丰裕程度对非采矿业制造业企业人力资本投入的影响。本章分别用企业具有大专学历人员和具有中级技术职称人员的占比来衡量人力资本投入。表 6 - 6 的结果显示,总体来说资源丰裕抑制了制造业企业人力资本的投入。具体来看,资源丰裕程度对该地区的煤炭加工与石油化工行业的企业人力资本投入影响不明显,但显著降低了其他制造业企业大专学历以及中级技术职称人员的占比。

表 6 - 6　　　　资源禀赋与企业人力资源投入的回归结果

变量	大专学历人员			具有中级技术职称		
	所有制造业	煤炭、石油加工行业	其他制造业	所有制造业	煤炭、石油加工行业	其他制造业
$\ln(p_{t-1}) \times q_{c,1995}$	- 0. 043 *** (0. 013)	0. 005 (0. 020)	- 0. 041 *** (0. 013)	- 0. 009 ** (0. 004)	- 0. 017 (0. 016)	- 0. 009 ** (0. 004)
控制变量	是	是	是	是	是	是
固定效应	是	是	是	是	是	是
观测值	7162	425	6737	7162	425	6737
R^2	0. 046	0. 356	0. 047	0. 034	0. 314	0. 035

注: *** 、** 分别表示 1% 、5% 的显著性水平,括号内是标准误;煤炭加工与石油化工行业简称为煤油行业;固定效应包括时间固定效应和企业固定效应;企业研发投入数据年份为 2000 ~ 2003 年和 2005 ~ 2007 年,企业人力资本投入数据则仅有 2004 年数据,故样本量较少。

6.4.2　挤出了科技支出

　　财政科技投入是地区实现创新发展的基础保障和条件支撑。资源价格上涨提高了资源型地区的财政收入，使得其有更多财政支出用于公共品的改善，进而直接影响该地区市场主体的创新能力。为此，本章重点考察了资源丰裕程度对地级市科技支出的影响，见表6-7。其中列（1）被解释变量为人均科技支出，结果表明，资源价格上涨显著挤出了地区科技支出，本章的研究结论与李江龙和徐斌（2018）一致。列（2）揭示了支出相对规模的影响，结果表明，资源丰裕显著挤出了科技支出占比，即资源收入的大规模增加反而导致科技支出比例的下降。

表6-7　　　　　　　　资源丰裕与公共支出的回归结果

变量	（1）	（2）
	Ln（人均科技支出）	科技支出占财政支出比重
$\ln(p_{t-1}) \times q_{c,1995}$	-1.753 ** (0.860)	-2.639 ** (1.096)
控制变量	是	是
时间固定效应	是	是
地级市固定效应	是	是
观测值	4793	4793
R^2	0.954	0.778

　　注：** 表示5%的显著性水平；括号内是标准误，标准误均聚类（cluster）在地级市层面；科技支出数据来自《中国区域统计年鉴》，且时间跨度为2002~2018年。

　　如果其他公共支出能得到合理利用（例如教育支出、基建支出等），那么将提高地区的人力资本水平、基础设施，有利于改善地区创新环境。但如果公共支出效率低下，将浪费公共资源，起不到促进地区创新的作用。现有的研究表明资源丰裕容易诱发官员腐败，资源丰裕程度提高将导致地区违规金额显著增加，同时也使得本地区财政供养人口明显增长，恶化了财政资金的使用效率，这也是导致资源型地区创新不足的重要原因之一。

6.4.3 降低了产业多样性

地区科技创新水平的高低不仅取决于研发投入的多少，同时还取决于产业间的知识溢出程度。资源型地区丰裕，一方面通过产业关联带动上下游产业的发展，吸引关联产业集聚，促进产业间的知识溢出，有利于地区创新水平的提高；另一方面，资源价格上涨导致大部分劳动力进入与资源有关的部门，削弱了其他产业的竞争力，并降低了地区产业的多样性，进而不利于增强地区市场主体的创新能力。为了研究资源丰裕对地区产业多样性的影响，本章基于赫希曼 – 赫芬达尔指数（Herfindahl-Hirschman index，HHI）构造市场多样化指数MD_i，即：

$$MD_i = 1 - \sum_{m=1}^{N_i} S_{i,n} \qquad (6-3)$$

其中，N_i 为地级市 i 的产业种类数，$S_{i,n}$ 为地级市 i 的第 n 类产业就业人数与该地级市所有就业人数的比值。即地级市内就业人员在各个行业的就业越平均，赫希曼 – 赫芬达尔指数越小，市场多样化指数MD_i越大。根据式（6 – 3），本章得到了地级市层面1998～2018年的产业多样化水平。

接下来，本章采用式（6 – 1），检验了资源丰裕程度对产业多样化指数的影响，结果见表6 – 8。表6 – 8列（1）显示，资源丰富程度提高将显著降低地区的市场多样化指数。列（2）进一步表明滞后两期的资源丰裕对地区产业多样化程度依旧有显著的负向影响。这也是导致资源型地区创新能力下降的重要机制之一。

同时，为了检验资源丰裕对地区市场创新制度的影响，本章借鉴蒋殿春和张宇（2008）中的做法，采用私有部门职工数占本地从业人员总数的占比来衡量制度质量。回归结果见表6 – 8列（3）和列（4），表明资源丰裕对市场创新制度有显著负向影响，且至少在5%水平下显著。

表 6-8 资源丰裕与地区产业多样化、市场创新制度

变量	(1)	(2)	(3)	(4)
	多样化程度		市场创新制度	
$\ln(p_{t-1}) \times q_{c,1995}$	-0.019^{**} (0.008)		-0.035^{**} (0.014)	
$\ln(p_{t-2}) \times q_{c,1995}$		-0.015^{*} (0.008)		-0.039^{***} (0.014)
控制变量	是	是	是	是
时间虚拟变量	是	是	是	是
地级市虚拟变量	是	是	是	是
N	5677	5582	5105	5010
R^2	0.613	0.615	0.685	0.683

注: ***、** 和 * 分别表示 1%、5% 和 10% 的显著性水平;括号内是标准误,标准误均聚类(cluster)在地级市层面;市场创新制度数据来自《中国区域统计年鉴》,时间跨度为 1998~2013 年,包括地区和自治州数据。

6.4.4 拓展分析

至此,本章的研究结论与理论分析一致,在 1998~2018 年,地区资源禀赋与技术创新之间呈负向关系。接下来我们进一步考察在资源型地区,政府促进创新的手段会不会被扭曲。比如,财政补贴在资源丰富地区的效果会不会比资源匮乏地区更差。为此,我们加入了财政补贴与地区资源丰裕程度的交互项,由于财政补贴与企业创新之间存在双向因果关系,为了解决这一问题,本章使用财政补贴滞后一期数据作为当期财政补贴的代理变量进行回归估计,结果见表 6-9。列(1)和列(2)的交互项系数在 1% 水平下显著为负,表明资源越丰裕的地区,财政补贴对制造业企业创新的抑制作用越严重。列(5)和列(6)的结果表明,资源越丰裕的地区,财政补贴对除煤炭和石油加工业的其他制造业企业技术创新也有明显的抑制作用。可能的解释是资源越丰裕的地区,一方面易诱发官员产生寻租行为,使得研发投入下降,导致私人投资被挤出;另一方面,财政补贴缺乏有效的监督,导致政府

补贴在参与企业创新中处于低效率或无效率状态。故对于资源丰裕地区，低补贴将更有利于提高企业的创新收益，同时要加强财政补贴资金的监督检查，提高资金的使用效率。

表 6 – 9　　　　　资源丰裕与企业创新的回归结果

变量	(1)	(2)	(3)	(4)	(5)	(6)
	所有制造业（不含采矿业）		煤炭与石油加工业		其他制造业	
	专利申请数量	专利获得数量	专利申请数量	专利获得数量	专利申请数量	专利获得数量
$\ln(p_{t-1}) \times q_{c,1995}$	– 0. 177 (0. 151)	– 0. 027 (0. 0198)	0. 671 * (0. 384)	0. 013 (0. 015)	– 0. 335 ** (0. 153)	– 0. 038 (0. 024)
滞后一期财政补贴	5. 396 *** (0. 636)	0. 092 (0. 083)	2. 026 (1. 805)	0. 180 (0. 259)	5. 555 *** (0. 672)	0. 085 (0. 086)
交互项	– 2. 705 ** (1. 365)	– 0. 314 *** (0. 100)	2. 921 (3. 295)	– 0. 265 (0. 243)	– 3. 367 ** (1. 634)	– 0. 338 *** (0. 111)
控制变量	是	是	是	是	是	是
时间虚拟变量	是	是	是	是	是	是
地级市虚拟变量	是	是	是	是	是	是
观测值	127221	127221	9583	9583	117620	117620
R^2	0. 076	0. 005	0. 068	0. 022	0. 080	0. 006

注：*** 、** 和 * 分别表示 1% 、5% 和 10% 的显著性水平；括号内是标准误，标准误均聚类（cluster）在地级市层面；控制变量包括地级市层面变量，同表 6 – 1 列（3）一致，同时控制了企业层面控制变量，包括：企业销售额与总产值之比、企业年龄的对数值、出口额占总产值的比重、债务水平。

6.5　本章小结

推进资源型地区经济的创新驱动转型是实现高质量发展的必然要求。现有研究更多强调的是自然资源与经济增长之间的关系，但是丰裕的自然资源在地区经济发展中也会影响地区产业间的资源配置以及资金的使用效率，同时在地区产业分工中形成以自然资源产业为主导的产业结构，从而影响资源型地区的创新发展。对比资源丰裕地区和资源匮乏地区的创新创业综合得分的变化支持了上述观点。本章从地区创新视角，研究资源禀赋对地区经济发展的影响。

本章基于 1998～2018 年的地级市面板数据和 1998～2013 年的中国工业企业数据库，利用国际资源价格这一外生冲击研究了区域资源丰裕程度对地区创新水平的影响及传导机制。我们发现：第一，资源丰裕抑制了地区技术创新活动，表现为资源丰裕程度越高，地区创新创业综合指数越低，且这一负面效应有一定的持续性，我们发现在第三年和第四年负向作用依旧显著；第二，微观企业层面的证据表明资源丰裕度较高的地区，表现为更少的专利申请数和获得数；第三，对资源丰裕抑制地区创新的理论机制进行探讨发现，资源禀赋会扭曲人力资本配置、挤出科技支出、降低财政支出效率、恶化地区制度以及降低地区产业多样化水平，导致地区创新动力不足。此外，财政补贴政策在资源丰裕地区并没有带来创新水平的提高，反而进一步抑制了地区创新。

本章研究资源丰裕程度对地区创新发展水平的影响，为资源型地区经济转型发展动力提供一个分析框架。资源型地区转型发展是当前亟待解决的重要问题，而创新是资源型地区实现高质量发展的关键手段，资源型地区地方政府如何通过"有形之手"促进地区创新以驱动其经济可持续发展是当前需要深入思考的问题。

第7章 采矿业繁荣与制造业增长

自然资源在经济发展中扮演着非常重要的角色，采矿业是中国国民经济的基础和支柱产业。据统计，2020年规模以上工业企业中以矿业为基础的原材料工业和相关加工业企业的营业收入占所有规模以上工业企业营业收入的68%。[①] 自然资源禀赋高的地区理应拥有得天独厚的优势来发展本地经济，然而一些研究表明丰裕的自然资源非但没有成为有利条件，反而成了经济发展的障碍，经济学家用"资源诅咒"来形容这一悖论（Auty，1993；Sachs and Warner，1995）。为什么会产生资源诅咒？已有的研究提出一个很重要的机制——采矿业繁荣挤出了制造业部门。而由于制造业企业具有更强的"干中学"机制和技术溢出效应，制造业部门是总体生产率增长的重要源泉，因此制造业部门的萎缩不利于总体经济增长。正因为制造业部门在推动总体生产率进步上具有举足轻重的地位，因此很多文献指出，不论发展中国家还是发达国家，都应该将制造业发展置于关键地位（Baumol，1967；Herrendorf et al.，2014；McMillan and Rodrik，2011）。

7.1 问题的提出

我国"十四五"规划中提出"保持制造业比重基本稳定，巩固壮大实

---

① 资料来源：《中国工业统计年鉴》。

体经济根基",将实体经济特别是制造业摆在加快发展现代产业体系的优先位置。对于资源型地区而言,发展制造业显然已经成为实现经济结构转型升级和高质量发展的重要出路。

根据"资源诅咒"理论,采矿业繁荣会通过劳动力成本上升等渠道(Sachs and Warner,2001),对制造业产生"挤出效应"。一些文献也指出,资源丰裕产生了更多的寻租机会,导致制度恶化以及资源错配,制造业部门因而也会萎缩(Ross,2001;Tornell and Lane,1999)。尽管理论上采矿业繁荣通过上述机制对制造业存在挤出效应,但采矿业繁荣也可能通过其他机制促进制造业的发展,产生"挤入效应"。具体而言,首先,采矿业繁荣可以通过产业关联效应带动采矿业上游制造业的发展(Feyrer et al.,2017),例如矿山专用设备、仪器仪表设备、铁路运输设备等上游行业都得益于当地采矿业的繁荣。[①] 其次,采矿业及其上游关联制造业的发展,均将提升当地的企业数量和总市场规模,通过集聚效应促进其他非上游关联制造业的发展。例如,外部性理论认为,企业集聚可以通过劳动力市场共享、投入品市场共享、技术溢出等渠道促进非关联制造业的发展。采矿业及其上游关联制造业的发展,也通过促进当地劳动力工资水平的上升(Aragon and Rud,2013),提升了居民对各类产品的需求,进一步扩大当地的市场规模(Cavalcanti et al.,2019)。同时,伴随制造业部门规模的扩大,企业的"干中学"效应随之增强,将显著促进企业全要素生产率的提升。最后,采矿业繁荣促进了地方政府财政支出的增加(Acemoglu et al.,2001),一方面,资源型地区可以通过政府采购产生的直接关联效应带动当地制造业发展,另一方面通过财政支出乘数效应进一步增加本地总需求,进而促进当地制造业的发展。综上可知,采矿业繁荣既可能挤出制造业,也有可能促进制造业发展,理论框架如图7-1所示。

---

① 不仅如此,当地工资和居民收入的提升,将带动消费品制造业的发展。尽管制造业产品具有高度的跨地区可贸易性,但是本地区生产商仍然有一定的运输成本优势。

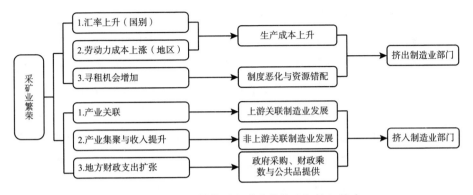

图 7 - 1　采矿业繁荣对制造业的挤出与挤入效应

为此，本章检验了采矿业繁荣到底挤出还是挤入了当地制造业，并对其影响机制进行分析。具体而言，本章通过匹配 1998 ~ 2013 年工业企业和县域层面等数据，利用世界资源价格变动这一外生冲击对资源丰裕与制造业发展的关系及影响机制进行了系统的实证研究。本章的实证结果显示，一个地区的采矿业繁荣确实提高了当地的工资水平，但是劳动力成本的上升并没有对制造业产生"荷兰病"所预期的挤出效应，反而提升了当地制造业总产值和全要素生产率。具体而言，当煤炭价格增长 10% 时，煤炭禀赋处于平均水平的县，县域人均制造业产值将增长 0.39%；而煤炭资源禀赋处于 90% 分位数的县，县域人均制造业产值将提升 6.43%。这些结果表明，资源型地区的制造业产值变动与资源价格变动呈现同周期特征，即资源价格上涨时，资源型地区的制造业产值也随之增长。

渠道检验表明，采矿业繁荣对制造业的"挤入效应"主要源于以下机制。首先，采矿业繁荣通过产业关联效应，直接带动了采矿业上游制造业行业的发展。其次，采矿业繁荣扩大了本地区的总市场规模，产生了更明显的集聚效应、技术溢出效应和"干中学"效应，并没有挤出非上游关联制造业行业，其生产率反而有明显的提升并在很大程度上抵消了劳动力成本小幅上涨带来的不利影响。最后，采矿业繁荣促进了地方政府财政收入的大幅增加以及地方财政支出扩张，也有利于当地制造业的发展，抵消了潜在的挤出效应。本章进一步发现，由于采矿业繁荣促进了当地制造业的发展，当地 GDP

总量也得以增长。即在资源价格处于上升期时，资源型地区的 GDP 具有更快的增长率。因此，从中短期看，资源型地区并未产生明显的资源诅咒现象。

相较于已有文献，本章的贡献主要有三个：第一，从研究对象来看，当前国内文献主要聚焦于资源丰裕对总体经济发展的影响，但没有检验资源丰裕对制造业到底存在挤出还是挤入效应，本章从产业联动和集聚的视角对此进行了系统论证，为厘清资源丰裕对经济增长影响提供新的经验证据；第二，从研究方法来看，本章同时使用县级宏观和企业微观层面的数据，基于世界价格的外生冲击，研究资源丰裕对制造业的影响；第三，从政策层面来看，本章的结论为资源型地区破解"资源诅咒"以及实现区域高质量发展提供了思路，即资源型地区应因势利导，考虑产业之间的联动性，促进产业集聚。

7.2 数据说明与描述统计

7.2.1 数据说明

本章使用的数据主要包括 1998 ~ 2013 年规模以上工业企业数据库、历年县域层面的各类经济与财政数据、1995 年全国工业普查微观企业数据以及历年矿产资源价格数据。具体而言，数据来源如下。

第一部分是 1998 ~ 2013 年规模以上工业企业数据库，其中 2010 年工业企业数据库缺失。工业企业数据库主要包含全国所有规模以上企业，"规模以上"的标准在样本期间内存在变化，2005 ~ 2006 年包括所有国有企业和主营业务收入 500 万元以上的非国有企业，2007 ~ 2009 年包括所有主营业务收入在 500 万元以上的企业，2011 ~ 2013 年则包含所有主营业务收入在 2000 万元以上的企业。本章根据相关文献的处理方式，对数据库进行了一定的处理。第一，按照勃兰特等（Brandt et al., 2012）的处理方法，本章依次以企业代码、企业名称、法人名称、电话号码、地区代码、主要产品等信息，对企业面板数据进行了重新匹配。第二，本章删去了一些缺失严重以及指标异常的样本。第三，中国的国民经济分类标准在 2011 年发生变化，由原来执行的 GB/T 4754 – 2002 标准转化为 GB/T 4754 – 2011 标准，本章将 2011 年以前的行业代码统一转换为 2011 年标准的行业代码。最后，本章将中国工业企业数据库的企业所属县的行政代码统一转换为 2013 年的县级代码。

第二部分是 1998～2013 年县域经济数据，来源于历年的《中国县（市）社会经济统计年鉴》，主要包括县域层面的 GDP、三次产业增加值、人口、财政收支总额、城镇在岗职工平均工资①等信息。由于市辖区没有详细统计上述各类经济指标，故这些指标均不包括市辖区样本。此外，我们从《全国地市县财政统计资料》收集了 1998～2006 年每个县的财政基本建设支出数据。由于财政支出分类在 2007 年进行了改革，2007 年后财政基本建设支出科目废止，因此数据截止到 2006 年。

第三部分是 1995 年全国工业普查企业数据。该数据报告了全国所有企业的行业四位数代码、工业销售产值、县级行政代码等。我们首先对该数据做了一定的处理，删去了一些缺失重要指标以及指标异常的样本。其次，我们将普查工业企业数据库的企业所属县的行政代码统一转换为 2013 年的县级代码。最后，根据县代码计算得到每个县的自然资源初始禀赋。

第四部分是 1995～2013 年煤炭和石油的国际市场价格，数据均来自世界银行大宗商品价格数据集。

由于西藏的县域数据缺失较为严重，本章不含西藏样本。为了剔除极端值的干扰，本章将主要变量中最高和最低的 1% 样本进行缩尾处理。同时为剔除价格因素，将含有价格因素的变量以 1998 年为基期，利用 GDP 平减指数进行价格平减。

7.2.2　描述性统计

中国矿产资源的空间分布高度不均衡，有些县市资源非常匮乏，而有些县市资源非常丰裕，明显的空间差异性为本章识别采矿业繁荣对制造业发展的影响提供了非常好的契机。

---

① 其中城镇职工平均工资数据的覆盖年份是 1999～2010 年。

如图 3 - 3 所示，1998 ~ 2002 年和 2009 ~ 2013 年煤炭和石油价格相对较为平稳，但 2003 ~ 2008 年煤炭和石油的价格均出现大幅度上涨，带动采矿业的超常繁荣。样本期间资源价格的剧烈变化，为本章识别采矿业繁荣对制造业发展的效应提供了较好的外生冲击机会。

图 7 - 2 展示了资源大省——山西省 1998 ~ 2019 年采矿业与制造业增加值的年增长率变化，从中可见，制造业和采矿业的增速具有高度的同向关联性。例如，2003 ~ 2008 年煤炭价格快速攀升（从每吨 253 元上升到 801 元），山西省采矿业经历了黄金时期，与此同时，山西省的制造业在这期间也呈现较高的增速。2010 ~ 2015 年，随着煤炭价格的低迷，山西省采矿业产值和制造业产值增速都明显下降。然而，图 7 - 2 仅仅描绘了两者之间的相关关系，并未解决遗漏变量、反向因果等内生性问题，例如，两者之间的正向关联实际上是受全国经济总体趋势所驱动，或者可能是制造业发展带动了采矿业繁荣。为了验证两者之间的因果关系以及背后的机制，本章在后续的部分对此进行了深入探究。

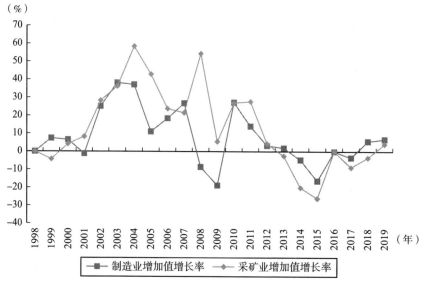

图 7 - 2　1998 ~ 2019 年山西省采矿业和制造业增加值的年增长率趋势

资料来源：1999 ~ 2020 年《山西省统计年鉴》。

7.3　计量模型与变量定义

本章首先将 1998 ~ 2013 年规模以上工业企业数据库中的制造业企业数据加总到县级层面,得到了县级层面的规模以上制造业总产值。基于县级面板数据,本章使用如下计量模型研究县域采矿业繁荣对当地制造业产值的影响:

$$\ln Y_{it} = \beta_0 + \beta_{41}(\bar{q}_i \times \ln P_t) + (X_i \times \lambda_t)'\theta + \eta_i + \lambda_t + \varepsilon_{it} \qquad (7-1)$$

其中,被解释变量 $\ln Y_{it}$ 是县 i 在 t 年的人均规模以上制造业总产值对数,关键解释变量 $\bar{q}_i \times \ln P_t$ 是县 i 在第 t 年的采矿业景气程度度量指标, $\bar{q}_i$ 为初始资源禀赋, P_t 为国际资源价格按当年美元兑人民币的汇率折算成以人民币为单位的价格, $\bar{q}_i \times \ln P_t$ 表示县 i 资源初始禀赋在不同年份的现价(具体计算见第 3 章), η_i 和 λ_t 分别是县域和年份固定效应。县域固定效应可以控制所有不随时间变化的县域特征,将资源丰裕县和贫乏县的固有差异予以剔除。但是有些县域的固有特征可能既影响了一个县域的采矿业繁荣程度,又对制造业发展产生随时间变化的动态效应。为此,本章参照迪弗洛(Duflo,2001)的做法,在模型中控制了县域初始特征(X_i)与年度固定效应(λ_t)的交互项,以剔除不同初始特征的县在随后各个年份所受到的差异性冲击。县级初始特征包括县级层面 1998 年规模以上制造业企业的平均销售收入、固定资产占总资产平均比例和平均资产负债率等。 ε_{it} 为随机扰动项,这里将标准误聚类(cluster)到县域层面。

式(7-1)是县级层面的回归,为了进一步检验县域采矿业繁荣对本地制造业企业内部(within-firm)产出随时间的变化效应,本章进一步使用企业面板数据,检验了采矿业繁荣对制造业企业产值的影响,计量模型设定如下:

$$\ln Y_{fit} = \alpha + \beta_f(\bar{q}_i \times \ln P_t) + (X_i \times \lambda_t)'\theta + \eta_f + \lambda_t + \varepsilon_{fit} \qquad (7-2)$$

其中,被解释变量 $\ln Y_{fit}$ 是位于县 i 的企业 f 在第 t 年的产出对数。县域采矿业繁荣程度 $\bar{q}_i \times \ln P_t$ 与式(7-1)的定义相同。本章控制了企业固定效应

η_f 和年份固定效应 λ_t 以及企业初始特征与年份虚拟变量的交乘项，用来控制不同特征的企业在不同年份所受到的差异性冲击。企业初始特征是企业初始年份的营业收入、固定资产占总资产比重和资产负债率。另外为了控制不同行业随时间变化的影响，本章还控制了两位数行业与时间虚拟变量的交乘项。ε_{fit} 表示随机扰动项，标准误仍然聚类（cluster）到县域层面。值得注意的是，式（7-1）的被解释变量是县域的制造业总产值，县域制造业总产值从第 t 年到 $t+1$ 年的增长可以分解为两个部分，一个是县域内持续存续的制造业企业在第 t 到 $t+1$ 年产值的增长，即式（7-2）所识别的企业内部产出变化效应，另一个是县域内第 $t+1$ 年新进入制造业企业的产值减去第 $t+1$ 年退出企业在第 t 年的产值，即进入退出（即净进入）效应。因此式（7-2）所识别的效果是式（7-1）所识别效果的一部分。但与式（7-1）相比，式（7-2）控制企业固定效应，可以将企业的固有特征予以控制，从而能更清晰地剥离出当地采矿业繁荣对企业产值增长的影响。

除了考察采矿业繁荣对制造业产值增长的影响，本章同时也考察了对制造业企业生产率的影响。本章使用奥利和佩克斯（Olley and Pakes, 1996）的方法（以下简称 OP 方法）计算制造业企业的全要素生产率（TFP）。为了考察采矿业繁荣是否提高了企业的用工成本，本章构造了员工的平均薪酬（含福利）以及员工薪酬占销售额之比两个指标来衡量制造业的劳动力成本。[①]

7.4　实证结果

7.4.1　县域采矿业繁荣对本地制造业总产值的影响

表 7-1 汇报了采矿业繁荣对县域制造业产值的估计结果。其中列（1）至列（2）的被解释变量是县域规模以上制造业人均产值，列（2）与列

---

① 当然，这里隐含的假定是采矿业繁荣只对本县制造业产出有影响，而对周边邻近县的制造业产出没有影响（对全国所有的县具有的共同效应，已被年份虚拟变量所控制），即资源匮乏县未受到资源丰裕县的外溢效应影响，是干净的对照组。下文将对采矿业繁荣是否存在空间溢出效应进行检验。

（1）相比额外控制了县级初始特征与年份虚拟变量的交互项。结果显示，采矿业繁荣对县域制造业产值有显著的正向影响。具体地，从列（2）的回归系数看，对处于平均煤炭禀赋水平的县而言（初始煤炭禀赋为 0.77 吨/人），当资源价格增长 10% 时，县域人均制造业产值将增长 0.39%（即 0.502 × 0.077 × 10%）。[①] 但如果县煤炭资源禀赋处于 90% 分位（初始煤炭禀赋为 1.28 吨/人，全国县的数量为 1843 个，90% 分位意味着煤炭禀赋排名第 185 位），那么，当资源价格增长 10% 时，县域人均制造业产值将提升 6.43%。从图 7-2 可知，2002~2008 年，中国煤炭价格年均上涨了 25.66%，由此可以计算，对于煤炭资源禀赋较为丰裕的 90% 分位县而言，这将带动当地制造业产值年均增长 16.49%。

接下来，本章将制造业企业分为采矿业的上游关联行业和非上游关联行业两大类，[②] 分组方式是根据 2007 年中国 135 个部门的《投入产出表》中提供的各部门之间的直接分配系数来分组。具体地，每个部门生产的产品中，分配给采矿业使用的比例高于 2.5% 的定义为上游关联行业，[③] 共计 13 个部门，其余部门为非上游关联行业。表 7-1 中列出了采矿业最相关的上游产业，在本章使用的规模以上制造业企业样本中，上游关联行业企业占比为 15.2%。

表 7-1   采矿业上游关联产业

上游产业	直接分配系数（%）
矿山、冶金、建筑专用设备制造业	14.3
其他专用设备制造业	10.5
起重运输设备制造业	7.9

① 回归结果表示当地区的资源禀赋处于平均值水平时，资源价格变动 1%，被解释变量将变动（回归系数 × 0.077）个单位。

② 本章未单独对采矿业下游的制造业进行异质性分析，原因是，在采矿业繁荣期，采矿业下游制造业面临原材料成本上升，因此还受到一定的负面影响。

③ 本章也尝试了将标准改为 1% 和 2%，结果仍然稳健。

续表

上游产业	直接分配系数（%）
仪器仪表制造业	5.4
铁路运输设备制造业	4.0
钢压延加工业	3.2
家具制造业	3.1
泵、阀门、压缩机及类似机械的制造业	3.1
其他通用设备制造业	3.1
石墨及其他非金属矿物制品制造业	2.9
橡胶制品业	2.7
石油及核燃料加工业	2.6
纺织服装、鞋、帽制造业	2.5

表7-2列（3）至列（4）报告了县域采矿业繁荣对采矿业上游关联行业制造业产值的影响。结果表明，采矿业繁荣显著促进了上游产业的发展，且在控制了县级初始特征与年份虚拟变量的交互项之后，结果依旧显著为正。表7-2列（5）的结果表明，采矿业繁荣对非上游关联制造业产值尽管有一定正向影响，但是系数远远小于列（3）至列（4）中对上游关联制造业产值的影响①，且列（6）表明，当控制县级初始特征与年份虚拟变量的交互项之后，结果不再显著。综合以上结果，采矿业繁荣对制造业发展产生了挤入效应而非挤出效应，主要是由于其带动了上游关联行业的发展，且未对非上游关联行业发展产生负面影响。

———————————

① 表7-2中列（5）至列（6）两列样本包括了非关联行业以及下游关联行业。首先，之所以没有考虑将下游关联行业区分出来是考虑到在采矿业繁荣期，采矿业下游制造业面临原材料成本上升，因而还受到一定的负面影响。其次，相对于非关联行业，采矿业可以通过产业关联效应带动上游关联产业的发展。故综合以上两个方面，采矿业景气程度对上游关联行业的发展相较于非上游关联行业的促进作用更大。

表 7 – 2　　采矿业景气程度对县域制造业产值的影响：县域层面回归

变量	(1)	(2)	(3)	(4)	(5)	(6)
	ln(制造业总产值/人口)		ln(上游关联行业制造业总产值/人口)		ln(非上游关联行业制造业总产值/人口)	
县域采矿业景气程度	0. 567 *** (0. 163)	0. 502 *** (0. 155)	1. 778 *** (0. 333)	1. 140 *** (0. 232)	0. 337 * (0. 183)	0. 177 (0. 167)
县初始特征的趋势效应	不控制	控制	不控制	控制	不控制	控制
县级固定效应	控制	控制	控制	控制	控制	控制
年份固定效应	控制	控制	控制	控制	控制	控制
样本量	41405	41405	41405	41405	41405	41405
R^2	0. 767	0. 803	0. 779	0. 868	0. 758	0. 796

注：*、*** 分别表示系数在 10%、1% 的水平下统计显著，括号内为聚类到县级层面的标准误。初始特征变量包括县级层面 1998 年制造业企业的平均销售收入、平均固定资产占总资产比率和平均负债率。

从第 3 章图 3 – 2 煤矿价格的变化趋势可以看出，2003 年之前国际煤矿价格较为稳定，2003 ~ 2008 年煤矿价格出现大幅度上涨，2011 年后又出现一定程度下跌。本章进一步利用事件研究（event study）方法，研究了资源价格的波动对制造业增长的时间动态效应。具体来说，本章估计了如下回归方程：

$$\ln Y_{it} = \alpha + \sum_{k=1998}^{2013} (Abundance_i \times D_t^k)\beta_k + (X_i \times \lambda_t)'\theta + \eta_i + \lambda_t + \varepsilon_{it}$$

(7 – 3)

本章将所有县按照初始矿产资源禀赋（即 1995 年人均煤炭产量）分为"资源较为丰裕组"和"资源较为匮乏组"，由于中国有将近一半以上的县没有任何煤炭和石油产出，故本章选取初始资源禀赋的 75% 分位数作为临界点。其中初始禀赋高于 75% 分位数的县定义为处理组，$Abundance_i$ 取值为 1，否则取值为 0。D_t^k 为各年份虚拟变量，其中 k 取值为 1998 ~ 2013 年，基准对照组是 2001 年。将系数 β_k 的估计结果绘制在图 7 – 3 中，可以看到，在 1998 ~ 2001 年，由于资源价格较为平稳，相比于资源禀赋较低组的县，资源禀赋较高组的县并未展现更高的制造业产值增长率,因而满足了平行趋势假设,说明关键解释变量不存在内生性问题。同时,从第3章图3-3中也可以看到,在2004~2008年的资源价格明显上升期,相比于资源禀赋较低组的县,资源禀赋较高组的县制造业产值增长率明显更高。在2009年后影响效应突然下降,而后变得不再显著,与2009年之后资源价格开始下跌是相吻合的。2009年资源价格下跌,因此资源禀赋较高组的县受到价格的冲击不再展现更高的制造业产值增长率,故资源禀赋较高县和禀赋较低县之间的制造业产值增长率又趋于无差异。这里强调的是相对的效果,而不是绝对效果。相应地,平行趋势图中2002~2008年的影响效应逐渐加大,也是与2002~2008年资源价格的大幅度上涨是相吻合的。1999~2001年的影响效应不显著,原因也是与1999~2001年资源价格相比于初始水平尚未明显增长。

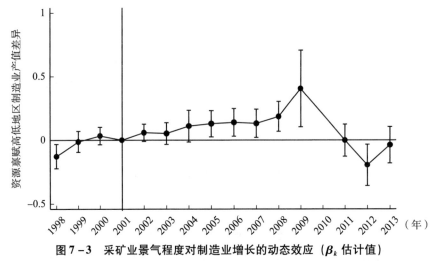

图7-3 采矿业景气程度对制造业增长的动态效应(β_k 估计值)

注:制造业产值是用县层面所有规模以上制造业人均产值的对数值表示,图中虚线为95%置信区间,实心点为点估计值。

为了进一步考察资源价格上升和下跌采矿业景气程度对制造业增长的影响是否存在对称性,本章根据资源价格的年度变化方向设置了时间虚拟变量，资源价格下跌年份赋值1，反之虚拟变量取值为0。① 其中表7–3加入了该虚拟变量和采矿业景气程度的交互项，来检验采矿业景气程度对县域制造业产值影响的估计结果。从结果可知，交互项的系数不显著，这说明采矿业景气程度对制造业景气的影响具有对称性。在资源价格上升期，制造业景气程度上升；在资源价格下跌期，制造业景气程度随之下跌。

表7–3　　　　　采矿业景气程度对县域制造业产值的影响：
资源价格上升与下跌期的对称性分析

变量	(1)	(2)	(3)	(4)	(5)	(6)
	ln(制造业总产值/人口)		ln(上游关联行业制造业总产值/人口)		ln(非上游关联行业制造业总产值/人口)	
县域采矿业景气程度	0.584 *** (0.173)	0.509 *** (0.165)	1.743 *** (0.340)	1.118 *** (0.239)	0.372 * (0.192)	0.207 (0.176)
县域采矿业景气程度×资源价格下跌期虚拟变量	0.007 (0.012)	0.003 (0.009)	−0.015 (0.014)	−0.009 (0.011)	0.014 (0.011)	0.013 (0.009)
样本量	41405	41405	41405	41405	41405	41405
R^2	0.767	0.803	0.779	0.868	0.758	0.796
县初始特征的趋势效应	不控制	控制	不控制	控制	不控制	控制
县级固定效应	控制	控制	控制	控制	控制	控制
年份固定效应	控制	控制	控制	控制	控制	控制

注：* 、 *** 分别表示系数在10%、1%的水平下统计显著，控制了县和时间的固定效应，标准误聚类到县层面。初始特征变量的选取与表7–1一致。

表7–4进一步报告了采矿业繁荣对县域经济增长的回归结果。列（1）中被解释变量是人均GDP的对数，结果显示采矿业景气程度可以显著提升县域人均GDP。具体来说，对于一个资源禀赋处于样本平均值的县，当煤矿价格增长10%时，县域人均GDP将增长0.31%（0.408×0.077×10）。如果

---

① 由于煤炭是最主要的矿产资源，因此以煤炭价格年度变化方向进行定义。价格上升年份对应为2000～2001年、2003～2004年、2006～2008年、2010～2011年；价格下跌年份对应为1998～1999年、2002年、2005年、2009年以及2012～2016年。

一个县的资源禀赋位于90%分位，那么当煤矿价格增长10%时，县域人均GDP将提升5.22%（734元）。这些结果表明，采矿业繁荣在短期之内不存在"资源诅咒"现象。

列（2）至列（4）依次以人均三次产业增加值为被解释变量进行回归。结果表明，采矿业景气程度显著促进了地区第二产业和第三产业的发展，且对第二产业影响更大，对第一产业的作用不明显。第二产业包括采矿业、制造业、建筑业，以及电力、热力、燃气及水生产和供应业。其中，制造业在第二产业当中居于主体地位，全国制造业增加值占第二产业增加值的比重达70%。[①] 因此，一个地区采矿业繁荣对当地第二产业发展的提升作用，除了采矿业自身增长之外，主要提升了当地制造业的发展。列（5）的被解释变量是当地的城镇职工平均工资，结果表明采矿业景气程度显著提升了工资水平。但是值得注意的是，工资水平的上升幅度大大低于人均GDP的上升幅度。这说明，采矿业繁荣尽管在一定程度上助推了劳动力成本上升，但由于劳动力仍然存在一定的跨区域流动现象，劳动力成本上升并不剧烈。

表 7 - 4　　　　　　采矿业景气程度对县域经济和平均工资的影响

变量	(1) ln(人均GDP)	(2) ln(人均第一产业增加值)	(3) ln(人均第二产业增加值)	(4) ln(人均第三产业增加值)	(5) ln(城镇在岗职工平均工资)
县域采矿业景气程度	0.408 *** (0.076)	0.003 (0.054)	0.625 *** (0.107)	0.192 ** (0.085)	0.190 *** (0.039)
县初始特征的趋势效应	控制	控制	控制	控制	控制
县级固定效应	控制	控制	控制	控制	控制
年份固定效应	控制	控制	控制	控制	控制
R^2	0.949	0.915	0.921	0.929	0.914
样本量	29383	29378	29378	29378	18375

注：**、*** 分别表示系数在5%、1%的水平下统计显著，括号内为聚类到县级层面的标准误。

[①] 根据《中国统计年鉴》2011～2019年数值计算。

由于有些县（市）资源禀赋在本章的研究样本内可能会发生较大的变化，为了剔除这些样本可能对结果带来一定的影响，本章对基准估计结果进行了稳健性检验，我们用 2003 年各县市煤炭产量作为各个县的初始禀赋，将回归样本区间改为 2004～2013 年，结果依旧稳健。

7.4.2　采矿业繁荣对制造业企业产出增长的影响

上面县级数据的实证结果表明，采矿业繁荣带动了当地制造业产值的显著增长。为了进一步检验县域采矿业繁荣对本地制造业企业内部（within-firm）产出随时间的增长效应，本章进一步使用企业面板数据，利用模型（7-2）检验了采矿业繁荣对制造业企业产值的影响。

表 7-5 报告了利用微观数据检验采矿业繁荣对制造业企业产值增长的结果。可以看到，采矿业繁荣对所有制造业企业产值增长存在正向作用，但是估计精度较低。将样本分为上游关联行业和非上游关联行业的企业两个子样本时，列（3）至列（6）的回归结果显示，采矿业繁荣主要拉动了上游关联行业企业产值的增长，对非上游关联行业企业产值的拉动作用效果较小。从列（1）、列（3）和列（5）的结果来看，如果一个县煤炭资源禀赋处于 90% 分位，那么，当资源价格增长 10% 时，本地制造业企业的内部产值增长 0.13%，其中上游关联企业增长 0.18%，非上游关联企业增长 0.12%。

综合表 7-2 和表 7-5 的结果，我们可以得到以下结论：采矿业繁荣并没有挤出制造业企业，反而促进了制造业的产出增长。从行业分解的结果来看，其主要原因在于采矿业繁荣通过投入产出关联效应，拉动了本地上游制造业企业的产出增长。对于非上游关联的本地产业，采矿业繁荣也未对其产生挤出效应。这一结论，不仅对县域加总的制造业产出增长来说是成立的（见表 7-2），对于存续企业的内部产出增长也是成立的（见表 7-5）。

表 7 - 5　　　　采矿业繁荣对制造业企业产值的影响：企业层面的回归

变量	(1)	(2)	(3)	(4)	(5)	(6)
	被解释变量：ln(企业产值)					
	所有制造业企业		上游关联企业		非上游关联企业	
县域采矿业景气程度	0.010 * (0.005)	0.008 (0.005)	0.014 ** (0.006)	0.013 ** (0.005)	0.009 (0.006)	0.008 (0.005)
两位数行业×年份虚拟变量	不控制	控制	不控制	控制	不控制	控制
企业初始特征的趋势效应	不控制	控制	不控制	控制	不控制	控制
企业固定效应	控制	控制	控制	控制	控制	控制
年份固定效应	控制	控制	控制	控制	控制	控制
R^2	3451486	3254410	489698	468015	2896900	2730250
样本量	0.833	0.848	0.846	0.861	0.838	0.852

注：*、**分别表示系数在10%、5%的水平下统计显著，括号内为聚类到县级层面的标准误。

7.4.3　采矿业繁荣对制造业企业劳动力成本的影响

已有"资源诅咒"相关文献强调，采矿业繁荣导致当地工人工资上升，从而提升制造业企业的劳动力成本，对制造业产生挤出效应。表 7 - 4 列 (5) 使用县级城镇平均工资作为被解释变量的结果也显示，采矿业繁荣提高了当地的工资水平。为了进一步对此进行检验，本章使用微观企业数据，通过模型 (7 - 2)，研究采矿业繁荣对企业劳动力成本的影响。

表 7 - 6 列 (1) 至列 (3) 报告了采矿业繁荣对制造业企业员工人均工资的影响。从回归结果可知，采矿业繁荣提升了制造业企业的工资水平，不论是上游关联企业还是非上游关联企业，员工平均工资均有所上升，但是系数较小。从列 (1) 结果来看，如果一个县煤炭资源禀赋处于90%分位，那么，当资源价格增长10%时，本地制造业企业的员工人均工资增长0.17%。尽管人均工资显著上升，但从表 7 - 6 列 (4) 至列 (6) 可知，制造业企业劳动力成本占销售收入的比重并没有明显提升，这是因为制造业企业的销售收入相对劳动力成本增加幅度更为明显。由此可以解释采矿业景气程度高并

未对企业的生产经营产生明显负面影响。

表 7 - 6　　　　　　　　采矿业繁荣对制造业劳动力成本的影响

变量	(1)	(2)	(3)	(4)	(5)	(6)
	ln(员工人均工资)			员工工资/营业收入		
	所有制造业企业	上游关联企业	非上游关联企业	所有制造业企业	上游关联企业	非上游关联企业
县域采矿业景气程度	0.013 ** (0.006)	0.013 * (0.007)	0.013 ** (0.006)	- 0.051 (0.046)	- 0.038 (0.101)	- 0.053 (0.048)
两位数行业 × 年份虚拟变量	控制	控制	控制	控制	控制	控制
企业初始特征的趋势效应	控制	控制	控制	控制	控制	控制
企业固定效应	控制	控制	控制	控制	控制	控制
年份固定效应	控制	控制	控制	控制	控制	控制
样本量	2028296	298729	1709605	2331709	348836	1962640
R^2	0.663	0.660	0.669	0.697	0.719	0.697

注：* 、** 分别表示系数在 10% 、5% 的水平下统计显著，括号内为聚类到县级层面的标准误。

7.4.4　采矿业繁荣对制造业企业生产率的影响

前文结果显示，在采矿业繁荣期，尽管资源型地区的工人工资上升，但是工人工资占企业销售收入的比重并没有明显上升，制造业产出并没有下降反而有一定提升。制造业企业为何能够消化劳动力成本上涨的压力？本章认为，根据采矿业繁荣挤入制造业的机制，采矿业除了直接带动上游关联产业的产出增长，还可以通过促进"干中学"、产业集聚和技术外溢等间接机制，促进非关联制造业行业企业的生产率提升。接下来，本章检验了采矿业繁荣对制造业企业全要素生产率的回归结果，见表 7 - 7。列（1）显示，采矿业繁荣对制造业企业的生产率具有正向影响。从列（2）至列（3）中可进一步看到，不论是上游关联企是非上游关联企业，采矿业繁荣对企业生产率的估计系数均显著为正。这说明在采矿业繁荣期，制造业企业的生产率进步，可以在很大程度上抵消劳动力成本上升的压力，从而可以解释为何挤出效应未发生。

表 7-7　　　　　　　　　采矿业繁荣对企业生产率的影响

变量	(1)	(2)	(3)
	全要素生产率		
	所有制造业企业	上游关联企业	非上游关联企业
县域采矿业景气程度	0.026 *** (0.009)	0.026 * (0.016)	0.029 *** (0.009)
两位数行业×年份虚拟变量	控制	控制	控制
企业初始特征的趋势效应	控制	控制	控制
企业固定效应	控制	控制	控制
年份固定效应	控制	控制	控制
样本量	1650700	244635	1394255
R^2	0.725	0.717	0.731

注：*、***分别表示系数在10%、1%的水平下统计显著，括号内为聚类到县级层面的标准误。

7.4.5　财政支出机制

本章从财政支出的角度进一步回答了资源丰裕为什么促进了地区制造业的增长。中国采矿业企业主要缴纳增值税、企业所得税、资源税等税种，以及矿产资源补偿费、探矿权和采矿权"两权"价款等非税款项，其中，地方政府可以获得增值税、企业所得税的地方分享部分，以及绝大多数资源税和资源相关的非税收入。在采矿业繁荣期，采矿行业为资源型地区地方政府贡献了丰厚的财政收入，地方政府有更多的财力扩张财政支出，增加公共品供给。资源型地区的地方财政支出增长对制造业发展产生三个方面的积极影响：(1)财政支出可以通过政府采购产生关联效应，增加对当地制造业产品的需求；(2)财政支出会产生乘数效应，增加当地的总需求，从而促进当地制造业的发展；(3)基础设施等公共品提供水平的提升，有助于促进制造业企业生产效率的提升。第 5 章报告了以财政收入、财政支出、财政基本建设支出为因变量的估计结果。从中可以看到，采矿业繁荣的估计系数均显著为正，说明采矿业繁荣给地方政府带来了丰厚的财政收入，同时显著促进了地方政府财政支出的增长，同时财政基本建设支出也明显增长。

前文发现县域采矿业繁荣对本地制造业发展具有挤入作用。从挤入作用的机制来看，挤入不仅发生在本县，也可能对周边邻近地区产生正向溢出效应。首先，如果采矿业繁荣带动了上游关联行业的发展，那么不仅本县上游关联行业享受"近水楼台"之便，邻近县域的上游关联行业也可能受正面带动。其次，采矿业繁荣通过市场规模的扩大，带动了集聚效应，进而通过"干中学"和相互技术溢出提升制造业企业的生产率。如果存在这一效应，那么集聚效应不仅有利于本地企业，而且对周边地区存在溢出。

7.5 空间效应分析

前文发现县域采矿业繁荣对本地制造业发展具有挤入作用。从挤入作用的机制来看，它可能不仅发生在本县，也可能对周边邻近地区产生正向溢出效应。首先，如果采矿业繁荣带动了上游关联行业的发展，那么不仅本县上游关联行业享受"近水楼台"之便，邻近县域的上游关联行业也可能受到带动。其次，采矿业繁荣通过市场规模的扩大，强化了集聚效应，进而通过"干中学"和相互技术溢出提升制造业企业的生产率。如果存在这一效应，那么集聚效应不仅有利于本地企业，而且对周边地区存在溢出。因此，我们进一步实证检验了采矿业繁荣对于周边地区的溢出效应。本章计算了距离目标县 i 中心点 $0 \sim 50$ 千米、$50 \sim 100$ 千米、$100 \sim 150$ 千米、$150 \sim 200$ 千米四个不同范围内所有县的资源禀赋之和，将第 d 个范围内的自然资源禀赋记为 $\overline{R_i^d}$，其中 d 的取值是 1、2、3、4，分别代表 $0 \sim 50$ 千米、$50 \sim 100$ 千米、$100 \sim 150$ 千米、$150 \sim 200$ 千米四个不同范围，将 200 千米以外区域视为对照组。例如，$d = 1$ 表示距离目标县小于 50 千米的所有县，本书根据 1995 年工业普查数据，计算距离 $d = 1$ 范围内所有县（不含目标县）的自然资源产量之和，再将其除以目标县 i 的户籍人口数量得到 $\overline{R_i^1}$。类似地，可以得到 $\overline{R_i^2}$，$\overline{R_i^3}$ 和 $\overline{R_i^4}$。然后，利用式（7-4）估计了采矿业繁荣对周边地区的溢出效应：

$$\ln Y_{it} = \alpha + \beta_2(\overline{q}_i \times \ln P_t) + \sum_{d=1}^{4} \omega_d(\overline{R_i^d} \times \ln P_t) + (X_i \times \lambda_t)'\theta + \eta_i + \lambda_t + \varepsilon_{it}$$

$$(7-4)$$

其中，被解释变量 $\ln Y_{it}$ 仍然是县 i 在 t 年的人均规模以上制造业总产值对数，$\overline{q} \times \ln P_t$ 是本县 i 在第 t 年的采矿业繁荣程度，$R_i^d \times \ln P_t$ 是周边第 d 个区域范围内在第 t 年的采矿业繁荣程度，系数 ω_d 就是周边第 d 个区域范围内采矿业繁荣对 i 县制造业产出增长的影响。如果采矿业丰裕对周边地区存在正向溢出效应，且这种效应随着距离的加大逐渐减弱，那么我们预期 ω_d 显著为正，而且 $\omega_1 > \omega_2 > \omega_3 > \omega_4$。

基于式（7-4）估计的结果见表7-8。可以看到，一个县采矿业的繁荣只对本县内的制造业产出具有正向促进效应，对周边其他县的制造业产出效果非常微弱。这对理解本章式（7-1）和式（7-2）的基准回归也有两点启示。（1）采矿业繁荣对制造业的挤入效应仅仅发生在很小的地域范围内（同县），这表明不论是投入产出关联、"干中学"，还是技术溢出等挤入效应机制所发生的地域范围都很小；同时，通过地方财政支出扩张促进制造业产出增长也仅仅发生在本县内。（2）既然采矿业繁荣只对本县制造业产出有影响，对周边其他县的制造业产出没有影响，那么基准模型当中将"资源匮乏县"作为"资源丰裕县"的对照组，也是合理的，因为资源匮乏县未受到资源丰裕县的外溢效应影响，是干净的对照组。

表7-8	空间溢出效应分析	
变量	(1)	(2)
	县域人均规模以上制造业企业产值	
$\overline{q}_i \times \ln P_t$（本县）	0.498*** (0.162)	0.453*** (0.157)
$\overline{R_i^1} \times \ln P_t$（0~50千米）	0.056 (0.037)	0.043 (0.031)

续表

变量	(1)	(2)
	县域人均规模以上制造业企业产值	
$\overline{R_i^2} \times \ln P_t$（50~100千米）	0.009 (0.014)	0.007 (0.013)
$\overline{R_i^3} \times \ln P_t$（100~150千米）	0.006 (0.008)	0.007 (0.008)
$\overline{R_i^4} \times \ln P_t$（150~200千米）	0.000 (0.007)	-0.003 (0.006)
县域固定效应	控制	控制
年份固定效应	控制	控制
县初始特征趋势效应	不控制	控制
样本量	41405	41405
R^2	0.767	0.803

注：***表示系数在1%的水平下统计显著，控制了县和时间的固定效应，括号内为标准误，标准误聚类到县层面。初始特征变量的选取与表7-7一致。

7.6　本章小结

传统的资源诅咒理论认为，采矿业繁荣会促进本币升值和劳动力成本上升，从而挤出制造业发展。本章使用1998~2013年微观企业和县域层面数据，检验了采矿业繁荣是否挤出了当地制造业。研究发现采矿业繁荣显著地促进了地区制造业总产值以及生产率的提升。渠道检验表明，首先，通过产业关联效应，采矿业繁荣直接带动了其上游行业的发展。其次，采矿业的发展扩大了市场规模，进而通过"干中学"、技术溢出和集聚效应提升了制造业企业生产率。最后，采矿业发展直接促进了政府财政收入的大幅增加以及财政支出的扩张，也有利于当地制造业的发展。

本章的研究结论表明，资源型地区要实现经济结构转型升级和可持续发展，应该在采矿业景气时期因势利导，抓住制造业发展的有利时机，让制造业成为经济增长和生产率进步的引擎。

第 8 章 结论与政策建议

　　本书基于中国县市层面的微观数据，并结合中国工业企业数据研究了矿产资源价格波动对于政府财政收入、公共支出、公共品提供、财政支出效率、经济增长的影响，研究发现 1998～2006 年资源价格波动显著使得地方政府自有财力增加，但是财政收入来源中，非税收入以及中央给予的转移支付并没有减少，反而有所增长。从财政支出角度分析，矿产资源价格上涨会使得基础建设支出和行政支出大幅度增加并且超出了按财政支出比例计算的值，相比于其他支出，教育支出和社保支出增幅较小，要远低于按财政支出比例计算的理论值。从公共品提供来看，本书发现资源价格上涨会使得中小学在校生人数以及学校数量显著减少，对提高当地各学历层次学生数量作用不明显。对医疗公共品提供作用有限，对医院病床数量、医院数量以及医生人数均没有显著影响。进一步分析发现，资源丰裕地区会增加该县道路设施的建设，同时政府规模会显著增加，地方违规金额显著上升。本书对资源丰裕如何影响地区创新也进行了深入分析，发现资源丰裕程度越高越容易扭曲地区人力资源配置，挤出科技支出，降低财政支出效率以及地区多样化水平，对地区创新产生一定程度的抑制作用。进一步发现，资源丰裕通过产业关联效应带动了制造业部门的增长及生产效率的提升。

8.1　收入端政策建议

8.1.1　优化产业结构，培育新的税源

资源产业是资源丰裕地区的主导产业，属于资本密集型的行业，同时，资源具有不可再生性，随着资源的开采，地下矿产不断减少。故资源型地区应减少对资源的过度依赖，立足于该地区的资源禀赋优势发展资源产业，同时延长该产业的上下游产业链条，实现多个部门共同发展。促进产业结构多元化、层次化、合理化，加快资源型城市经济转型与产业结构升级。产业结构调整绝不能单纯追求某次产业比例的提高，应该是三次产业协调持续发展，产业结构优化的重点有两个：一是解决三次产业结构偏差，促进产业结构更加合理；二是要提升三次产业的整体素质，促进产业结构的高级化，提高其产业的核心竞争力。利用循环经济的原则，尽量加大制造业特别是先进制造业及服务业等产业的比重，提高资源利用效率。

资源型地区政府在优化产业发展布局的同时，要集聚高质量发展新动能。这就要求资源型地区地方政府以产业结构转型为重点，以产业延伸、更新和多元化产业发展为路径，形成多点支撑、多元优势互补的产业体系。以更好地促进资源型地区产业结构升级、转换增长动力。具体而言，将政策重心由传统的能源开采、加工环节，拓展延伸到化工等下游产业链中，延长附加值增值部分，从而进一步优化资源型地区产业结构。此外，要提高资源型地区产业集中度，从而产生集聚效应。

8.1.2　防范财政风险，保障财政的稳定运行

当资源价格持续下滑时，以资源性收入为主要收入来源的地区将面临财政困境，地方政府很难削减已有的财政支出规模，只有可能通过借债来维持现状，对地方政府的持续发展产生负面影响。因此，需充分调动资源型地区

各级政府的积极性，为提升财政可持续能力、实现财政高质量发展的基础与前提。

8.2 支出端政策建议

8.2.1 加强财政支出监管

由于资源价格波动幅度比较大，当资源价格暴涨时，容易对地方政府的财力产生较大的冲击，这时候地方政府财政预算不受约束，很容易导致地方政府支出无效率。当资源价格持续下滑时，以资源性收入为主要收入来源的地区将面临财政困境。此外，不完善的资本市场会放大资源性收入的不正当管理。故应当加强对资源性收入的监督和规范管理，提高地方政府的执行力，并对资金使用效果建立评估机制。加强本地区的财政资源统筹和加大对资金的监管力度，充分发挥财政政策和金融工具的联合作用机制，有效提升资金的使用效率，进而有效发挥政府的引导作用。

8.2.2 优化财政支出结构

资源丰富地区财政支出结构的调整有助于进一步完善基础设施，减少人才的流失，加快产业的发展，促进产业结构优化，对区域经济的均衡发展有着重要的意义。

第一，资源型地区应继续加大对教育、科技方面的投入力度，活化市场资源，不断完善公共服务水平，吸引高科技人才，优化人力资源配置，推动高科技和新经济的全面发展。

第二，资源型地区政府要不断完善公共服务，提升本地区对资源和人才的吸引力。尽管这一过程非常漫长，需要缓慢积累和持续努力，但其为经济的高质量发展提供了重要基础。

8.3　完善财税金融制度的政策建议

综合前文，本书提出如下建议。

第一，资源型地区政府应该着力加大财税金融支持转型升级。一方面，降低制造业企业税费等制度性成本；另一方面，鼓励金融机构合理运用信用贷款、股权质押贷款等方式，多元化满足制造业企业的资金需求，防止资源景气导致的"成本病"拖累制造业的发展。

第二，加强区域间联动，协同推进资源型地区经济转型。应加大国家层面的支持力度，支持资源型地区与周边地区建立合作机制。通过地区间政府合作，实现区域间产业间互补协作、有序分工，促进资源配置优化、降低交易成本，协同推进资源型地区经济转型。

参 考 文 献

[1] 白宇飞，张宇麟，张国胜. 我国政府非税收入规模影响因素的实证分析 [J]. 经济理论与经济管理，2009 (5).

[2] 陈诗一，张军. 中国地方政府财政支出效率研究：1978~2005 [J]. 中国社会科学，2008 (4).

[3] 陈志勇，陈莉莉. 财税体制变迁、"土地财政"与经济增长 [J]. 财贸经济，2011 (12).

[4] 邓明，魏后凯. 自然资源禀赋与中国地方政府行为 [J]. 经济学动态，2016 (1).

[5] 丁菊红，王永钦，邓可斌. 中国经济发展存在"资源诅咒"吗? [J]. 世界经济，2007 (9).

[6] 董江爱，徐朝卫. 基于煤矿资源的利益博弈和策略选择——山西煤矿开采与经营中的政企关系研究 [J]. 中国行政管理，2015 (2).

[7] 方红生、张军. 中国地方政府竞争、预算软约束与扩张偏向的财政行为 [J]. 经济研究，2009 (12).

[8] 方颖，纪珩，赵扬. 中国是否存在"资源诅咒" [J]. 世界经济，2011 (4).

[9] 傅勇，财政分权、政府治理与非经济性公共物品供给 [J]. 经济研究，2010 (8).

[10] 郭庆旺，贾俊雪. 中央财政转移支付与地方公共服务提供 [J]. 世界经济，2008 (9).

[11] 胡援成，肖德勇. 经济发展门槛与自然资源诅咒——基于我国省际层面的面板数据实证研究 [J]. 管理世界，2007 (4).

[12] 黄乾. 中国的产业结构变动、多样化与失业 [J]. 中国人口科学，2009（1）.

[13] 蒋殿春，张宇. 经济转型与外商直接投资技术溢出效应 [J]. 经济研究，2008（7）.

[14] 李江龙，徐斌. "诅咒"还是"福音"：资源丰裕程度如何影响中国绿色经济增长？[J]. 经济研究，2018（53）.

[15] 林毅夫. 新结构经济学——反思经济发展与政策的理论框架 [M]. 北京：北京大学出版社，2012.

[16] 柳光强，邓大松，祈毓. 教育数量与教育质量对农村居民收入影响的研究——基于省级面板数据的实证分析 [J]. 教育研究，2013（5）.

[17] 吕冰洋，聂辉华. 弹性分成：分税制的契约与影响 [J]. 经济理论与经济管理，2014（7）.

[18] 吕冰洋. 我国地方税建设应依据什么样的理论？[J]. 财政科学，2018（4）.

[19] 聂辉华，蒋敏杰. 政企合谋与矿难：来自中国省级面板数据的证据 [J]. 经济研究，2011（6）.

[20] 任晶，杨青山. 产业多样化与城市增长的理论及实证研究——以中国 31 个省会城市为例 [J]. 地理科学，2008（5）.

[21] 邵帅，齐中英. 西部地区的能源开发与经济增长——基于"资源诅咒"假说的实证分析 [J]. 经济研究，2008（4）.

[22] 唐颖，赵文军. 公共支出与我国经济增长方式转变——基于省际面板数据的实证检验 [J]. 财贸经济，2014（4）.

[23] 王佳杰，童锦治，李星. 税收竞争、财政压力与地方非税收入增长 [J]. 财贸经济，2014（5）.

[24] 王勋，纪文铮. 我国资源衰退型地区产业转型发展的问题与对策 [J]. 工信财经科技，2021（1）.

[25] 王志刚，龚六堂. 财政分权和地方政府非税收入：基于省级财政数据 [J]. 世界经济文汇，2009（10）.

[26] 吾满江·艾力. 中国西北五省暨内蒙古西部能源与矿产资源远景、

分布及现状 [M]. 西安：陕西科学技术出版社，2013.

[27] 席鹏辉，梁若冰，谢贞发等. 财政压力、产能过剩与供给侧改革 [J]. 经济研究，2017（9）.

[28] 徐康宁，王剑. 自然资源丰裕程度与经济发展水平关系的研究 [J]. 经济研究，2006（1）.

[29] 尹恒，朱虹. 县级财政生产性支出偏向研究 [J]. 中国社会科学，2011（1）.

[30] 张海峰，姚先国，张俊森. 教育质量对地区劳动生产率的影响 [J]. 经济研究，2010（7）.

[31] 张原，吴斌珍. 财政分权及财政压力冲击下的地方政府收支行为 [J]. 清华大学学报（自然科学版），2019（59）.

[32] 周黎安，陶婧. 政府规模、市场化与地区腐败问题研究 [J]. 经济研究，2009（1）.

[33] 周黎安，吴敏. 省以下多级政府间的税收分成：特征事实与解释 [J]. 金融研究，2015（10）.

[34] 周黎安. 中国地方官员的晋升锦标赛模式研究 [J]. 经济研究，2007（7）.

[35] Acemoglu D, Finkelstein A, Notowidigdo M. Income and health spending: Evidence from oil price shocks [J]. Review of Economics and Statistics, 2013 (95).

[36] Acemoglu D, Johnson S, Robinson J A. An African success story: Botswana [J]. CEPR Discussion Papers, 2002.

[37] Acemoglu D, Johnson S, Robinson J A. The colonial origins of comparative development: An empirical investigation [J]. American Economic Review, 2001 (91).

[38] Acemoglu D, Johnson S, Robinson J. Institutional causes, macroeconomic symptom: Volatility, crises and growth [J]. Journal of Monetary Economics, 2003 (50).

[39] Alesina A, Tabellini G. A positive theory of fiscal deficits and govern-

ment debt [J]. The Review of Economic Studies, 1990 (3).

[40] Alesina A, Drazen A. Why are stabilizations delayed [J]. American Economic Review, 1991 (81).

[41] Alexeev M, Conrad R. The elusive curse of oil [J]. Review of Economics and Statistics, 2009 (91).

[42] Alexeev M, Conrad R. The natural resource curse and economic transition [J]. CAEPR Working Paper, 2009.

[43] Allcott H, Keniston D. Dutch disease or agglomeration? The local economic effects of natural resource booms in modern America [J]. The Review of Economic Studies, 2018 (85).

[44] Anshasy A A E, Bradley M D. Oil prices and the fiscal policy response in oil-exporting countries [J]. Journal of Policy Modeling, 2012 (34).

[45] Aragon F, Rud J P. Natural resources and local communities: Evidence from a Peruvian gold mine [J]. American Economic Journal: Economic Policy, 2013 (5).

[46] Ardanaz M, Maldonado S. Natural resource windfalls and efficiency of local government expenditures: Evidence from Peru [J]. Documentos de Trabajo, 2012.

[47] Arezki R, Ismail K. Boom-bust cycle, asymmetrical fiscal response and the dutch disease [J]. Journal of Development Economics, 2013 (101).

[48] Arezki R, van der ploeg F. Do natural resources depress income per capita [J]. Review of Development Economics, 2011 (15).

[49] Armand A, Coutts A et al. Does information break the political resource curse? Experimental evidence from Mozambique [J]. American Economic Review, 2020 (110).

[50] Asea P K, Lahiri A. The precious bane [J]. Journal of Economic Dynamics and Control, 1999 (23).

[51] Asher S, Novosad P. Digging for development: Mining booms and local economic development in India [J]. Oxford University Working Paper, 2014.

［52］ Atkinson G, Hamilton K. Savings, growth and the resource curse hypothesis ［J］. World Development, 2003 (31).

［53］ Auty R M. Sustaining development in mineral economies: The resource curse thesis ［J］. London and New York: Routledge, 1993.

［54］ Bartik T J. Who benefits from state and local economic development policies? ［M］. W. E. Upjohn Institute, 1991.

［55］ Baumol W J. Macroeconomics of unbalanced growth: The anatomy of urban crisis ［J］. The American Economic Review, 1967 (57).

［56］ Baumol W. Entrepreneurship: Productive, unproductive and destructive ［J］. Journal of Political Economy, 1990 (98).

［57］ Bazzi S, Blattman C. Economic shocks and conflict: Evidence from commodity prices ［J］. American Economic Journal: Macroeconomics, 2014 (6).

［58］ Benhabib J, Spiegel M M. The role of human capital in economic development evidence from aggregate cross-country data ［J］. Journal of Monetary economics, 1994 (34).

［59］ Berman N, Couttenier M et al. The mine is mine! How minerals fuel conflicts in Africa ［J］. American Economic Review, 2017 (107).

［60］ Berument H, Ceylan N B, Vural B. The effect of world income on the economic performance of African countries ［J］. International Journal of Economic Perspectives, 2007 (1).

［61］ Besley T J, Persson T. State capacity, conflict and development ［J］. Econometrica, 2010 (78).

［62］ Besley T J, Persson T. The incidence of civil war: Theory and evidence ［J］. NBER Working Paper, 2008.

［63］ Bhattacharyya S, Collier P. Public capital in resource rich economies: Is there a curse? ［J］. Oxford Economic Papers, 2014 (66).

［64］ Bhattacharyya S, Hodler R. Do natural resource revenues hinder financial development? The role of political institutions ［J］. World Development, 2014 (57).

［65］ Birdsall N, Subramanian A. Saving Iraq from its oil ［J］. Foreign Affairs, 2004 (83).

［66］ Bohn H, Deacon R T. Ownership, risk, investment, and the use of natural resources ［J］. American Economic Review, 2000 (90).

［67］ Boos A, Holm-Müller K. The relationship between the resource curse and genuine savings: Empirical evidence ［J］. Journal of Sustainable Development, 2013 (6).

［68］ Borge L E, Falch T, Tovmo P. Public sector efficiency: The role of political and budgetary institutions, fiscal capacity, and democratic participation ［J］. Public Choice, 2008 (136).

［69］ Borge L E, Parmer P, Torvik R. Local natural resource curse ［J］. Journal of Public Economics, 2015 (131).

［70］ Borger B D, Kerstens K et al. Explaining differences in productive efficiency: An application to Belgian municipalities ［J］. Public Choice, 1994 (80).

［71］ Borger B D, Kerstens K. Cost efficiency of Belgian local governments: A comparative analysis of FDH, DEA and econometric approaches ［J］. Regional Science and Urban Economics, 1996 (26).

［72］ Borger B D, Kerstens K. Radial and nonradial measures of technical efficiency: An empirical illustration for Belgian local governments using an FDH reference technology ［J］. Journal of Productivity Analysis, 1996 (7).

［73］ Bornhorst F, Gupta S, Thornton J. Natural resource endowments and the domestic revenue effort ［J］. European Journal of Political Economy, 2009 (25).

［74］ Boschini A, Pettersson J, Roine J. The resource curse and its potential reversal ［J］. World Development, 2013 (43).

［75］ Brandt L, Van Biesebroeck J, Zhang Y. Creative accounting or creative destruction? Firm-level productivity growth in Chinese manufacturing ［J］. Journal of Development Economics, 2012 (97).

［76］ Brollo F, Nannicini T, Perotti R, Tabellini G. The political resource curse [J]. American Economic Review, 2013 (103).

[77] Brunnschweiler C N. Cursing the blessings? Natural resource abundance, institutions, and economic growth [J]. World Development, 2008 (36).

[78] Bruns C, Himmler O. Newspaper circulation and local government efficiency [J]. The Scandinavian Journal of Economics, 2011 (113).

[79] Caselli F, Cunningham T. Leader behaviour and the natural resource curse [J]. Oxford Economic Papers, 2009 (61).

[80] Caselli F, Michaels G. Do oil windfalls improve living standards? Evidence from Brazil [J]. American Economic Journal: Applied Economics, 2013 (5).

[81] Cavalcanti T, Mata D D, Toscani F. Winning the oil lottery: The impact of natural resource extraction on growth [J]. Journal of Economic Growth, 2019 (24).

[82] Chaudhry K A. The price of wealth: Business and state in labor remittance and oil economies [J]. International Organization, 1989 (43).

[83] Chen T, Kung J. Do land revenue windfalls create a political resource curse? Evidence from China [J]. Journal of Development Economics, 2016 (123).

[84] Chen X G. Taxational resource curse—Evidence from China [J]. Working Paper, 2022.

[85] Coady D, Gillingham R, Ossowski R, Piotrowski J, Tareq S, Tyson J. Petroleum product subsidies: costly, inequitable, and rising. [M]. Washington, DC: International Monetary Fund, 2010.

[86] Collier P, Hoeffler A. Challenge of reducing the global incidence of civil war [J]. Copenhagen Consensus, 2004.

[87] Collier P, Hoeffler A. Resource rents, governance, and conflict [J]. Journal of Conflict Resolution, 2005 (49).

[88] Corden W M, Neary J P. Booming sector and de-industrialization in a small open economy [J]. Economic journal, 1982 (92).

[89] Cornot-Gandolphe S. China's coal market-can Beijing tame "king coal"? [J]. The Oxford Institute for Energy Studies, 2014.

[90] Cust J, Harding T. Institutions and the location of oil exploration [J]. Journal of the European Economic Association, 2020 (18).

[91] Cust J, Poelhekke S. The local economic impacts of natural resource extraction [J]. Annual Review of Resource Economics, 2015 (7).

[92] Dabla-Norris E, Brumby J et al. Investing in public investment: An index of public investment efficiency [J]. Journal of Economic Growth, 2012 (17).

[93] Davis G. Learning to love the Dutch disease: Evidence from the mineral economies [J]. World Development, 1995 (23).

[94] De Haas R, Poelhekke S. Mining matters: Natural resource extraction and firm-level constraints [J]. Journal of International Economics, 2019 (117).

[95] Delacroix J. The export of raw materials and economic growth: A cross-national study [J]. American Sociological Review, 1977 (42).

[96] Dietz S, Neumayer E, Soysa I D. Corruption, the resource curse and genuine saving [J]. Environment and Development Economics, 2007 (12).

[97] Dube O, Vargas J. Commodity price shocks and civil conflict: Evidence from Colombia [J]. Review of Economic Studies, 2013 (80).

[98] Duflo E. Schooling and labor market consequences of school construction in Indonesia: Evidence from an unusual policy experiment [J]. American Economic Review, 2001 (91).

[99] Fasano U. With open economy and sound policies, UAE has turned oil "curse" into a blessing [J] IMF Survey, 2002 (21).

[100] Fearon J D. Primary commodity exports and civil war [J]. Journal of Conflict Resolution, 2005 (49).

[101] Feyrer J, Mansur E T, Sacerdote B. Geographic dispersion of economic shocks: Evidence from the fracking revolution [J]. American Economic Review, 2017 (107).

［102］Gadenne L. Tax me, but spend wisely? Sources of public finance and government accountability ［J］. American Economic Journal: Applied Economics, 2017 (1).

［103］Gelb A H. Oil windfalls: Blessing or curse? ［M］. Oxford and New York: Oxford University Press, 1988.

［104］Greenstone M, Hornbeck R, Moretti E. Identifying agglomeration spillovers: Evidence from winners and losers of large plant openings ［J］. Journal of Political Economy, 2010 (118).

［105］Gurbanov S, Merkel E T. Natural resource revenues and increasing external debt: Are these enemies of existing and potential manufacturing? A case study of Kazakhstan ［J］. A Case Study of Kazakhstan, 2012.

［106］Gylfason T. Resources agriculture, and economic growth in economies in transition ［J］. Kyklos, 2000 (53).

［107］Habibi N. Fiscal response to fluctuating oil revenues in oil exporting countries of the middle east ［J］. Working Paper, 2001.

［108］Haggerty J, Gude P H, Delorey M, Rasker R. Long-term effects of income specialization in oil and gas extraction: The U. S. west, 1980 - 2011 ［J］. Energy Economics, 2014 (45).

［109］Han L, Kung J K S. Fiscal incentives and policy choices of local governments: Evidence from China ［J］. Journal of Development Economics, 2015 (116).

［110］Herrendorf B, Rogerson R, Valentinyi A. Growth and structural transformation ［J］. Handbook of Economic Growth, 2014 (2).

［111］Hong J. How natural resources affect authoritarian leaders' provision of public services: Evidence from China ［J］. Journal of Politics, 2018 (80).

［112］Ismail K. The structural manifestation of the "Dutch Disease": The case of oil exporting countries ［J］. Working Paper, 2010.

［113］James A. US State fiscal policy and natural resources ［J］. American Economic Journal: Economic Policy, 2015 (7).

[114] Karl T L. Oil-led development: social, political, and economic consequences [J]. Encyclopedia of energy, 2007 (8).

[115] Kline P, Moretti E. Local economic development, agglomeration economies, and the big push: 100 years of evidence from the Tennessee Valley Authority [J]. The Quarterly Journal of Economics, 2014 (129).

[116] Krueger A B, Diane M W. The effect of attending a small class in the early grades on college-test taking and middle school test results: Evidence from project STAR [J]. Economic Journal, 2001 (111).

[117] Krugman P. The narrow moving band, the dutch disease, and the competitive consequences of Mrs. Thatcher: Notes on trade in the presence of dynamic scale economies [J]. Journal of Development Economics, 1987 (1 –2).

[118] Lane P R, Tornell A. Power, growth and the voracity effect [J]. Journal of Economic Growth, 1996 (1).

[119] Mansoorian A. Resource discoveries and "excessive" external borrowing [J]. Economic journal, 1991 (101).

[120] Manzano O, Ribogon R. Resource curse or debt overhang [J]. NBER working paper, 2001.

[121] Martinez L R. Sources of revenue and government performance: Evidence from Colombia [J]. University of Chicago Working Paper, 2017.

[122] Matsuyama K. Agricultural productivity, comparative advantage, and economic growth [J]. Journal of Economic Theory, 1992 (58).

[123] McMillan M S, Rodrik D. Globalization, structural change and productivity growth [J]. National Bureau of Economic Research, 2011.

[124] Mehlum H, Moene K, Torvik R. Institutions and the resource curse [J]. Economic Journal, 2006 (116).

[125] Michaels G. The long term consequences of resource-based specialisation [J]. The Economic Journal, 2011 (551).

[126] Monteiro J, Ferraz C. Does oil make leaders unaccountable? Evidence from Brazil's offshore oil boom [J]. Harvard University Working Paper,

2010.

[127] Monteiro J, Ferraz C. Learning to select: Resource windfalls and political accountability in Brazil [R]. Mimeo FGV, 2012.

[128] Murphy K, Shleifer A, Vishny R. The allocation of talent: The implications for growth [J]. Quarterly Journal of Economics, 1991 (106).

[129] Murshed S M. When does natural resource abundance lead to a resource curse? [J]. Discussion Papers, 2004.

[130] Nooruddin I. The political economy of national debt burdens, 1970 – 2000 [J]. International Interactions, 2008 (34).

[131] Olley G S, Pakes A. The dynamics of productivity in the telecommunications equipment industry [J]. Econometrica, 1996 (64).

[132] Olsson O, Valsecchi M. Resource windfalls and local government behavior: Evidence from a policy reform in Indonesia [J]. Available at SSRN 2685721, 2015.

[133] Paler L. Keeping the public purse: an experiment in windfalls, taxes, and the incentives to restrain government [J]. American Political Science Review, 2013 (107).

[134] Papyrakis E, Gerlagh R. The resource curse hypothesis and its transmission channels [J]. Journal of Comparative Economics, 2004 (32).

[135] Persson T, Tabellini G. Political economics: Explaining economic policy [M]. Cambridge, MA: MIT Press, 2000.

[136] Ploeg F. Nature resources: Curse or blessing? [J]. Journal of Economic Literature, 2011 (49).

[137] Raveh O, Tsur Y. Reelection, growth and public debt [J]. European Journal of Political Economy, 2020 (63).

[138] Revelli F, Tovmo P. Revealed yardstick competition: Local government efficiency patterns in Norway [J]. Journal of Urban Economics, 2007 (62).

[139] Robinson J A, Torvik R, Verdier T. Political foundations of the resource curse [J]. Journal of Development Economics, 2006 (79).

［140］Ross M L. What have we learned about the resourcecurse?［J］. Annual Review of Political Science, 2015（18）.

［141］Ross M L. Does oil hinder democracy［J］. World Politics, 2001（53）.

［142］Ross M L. The political economy of the resource curse［J］. World Politics, 1999（51）.

［143］Sachs J D, Warner A. Natural resource abundance and economic growth［J］. NBER Working Paper, 1995.

［144］Sachs J D, Warner A. The curse of national resources［J］. European Economic Review, 2001（45）.

［145］Sachs J D. Institutions don't rule: Direct effects of geography on per capita income［J］. Working Paper, 2003.

［146］Sala-I-Martin X, Subramanian A. Addressing the natural resource curse: An illustration from Nigeria［J］. Journal of African economies, 2013（22）.

［147］Samuelson P A. The pure theory of public expenditure［J］. The Review of Economics and Statistics, 1954（36）.

［148］Schanzenbach D W. What have researchers learned from Project STAR［J］. Brookings Papers on Education Policy, 2007（9）.

［149］Stijns J P. Natural resource abundance and economic growth revisited［J］. Resources policy, 2005（30）.

［150］Tornell A, Lane P R. The voracity effect［J］. American Economic Review, 1999（89）.

［151］Torvik R. Learning by doing and the Dutch disease［J］. European Economic Review, 2001（45）.

［152］Torvik R. Natural resources, rent seeking and welfare［J］. Journal of Development Economics, 2002（67）.

［153］Torvik R. Why do some resource-abundant countries succeed while others do not?［J］. Oxford Review of Economic Policy, 2009（25）.

［154］Usui N. Dutch disease and policy adjustments to the oil boom: A comparative study of Indonesia and Mexico ［J］. Resources Policy, 1997（22）.

［155］Velasco A. Debts and deficits with fragmented fiscal policymaking ［J］. Journal of Public Economics, 2000（76）.

［156］Venables A J. Using natural resources for development: Why has it proven so difficult? ［J］. Journal of Economic Perspectives, 2016（30）.

［157］Wright G, Czelusta J. Resource-based economic growth, past and present ［M］// Lederman D, Maloney W et al. Natural resources: Neither curse nor destiny. Stanford, CA: Stanford university press, 2007.

［158］Wright G. Cheap labor and Southern textiles before 1880 ［J］. Journal of Economic History, 1979（39）.

［159］Zhan J V, Duan H, Zeng M. Resource dependence and human capital investment in China ［J］. The China Quarterly, 2015（221）.

后　记

　　本书是本人 2019 年国家自然科学基金青年资助项目"资源价格波动、财政收支与经济增长"的研究成果，也是在本人博士论文的基础上进一步完善而来的成果。

　　在本书付梓之际，我要特别感谢博士期间的老师马光荣教授的指导和帮助。还要感谢我的硕士生卢诗滢和王秀，他们在案例数据的收集、更新以及文字校对方面做了大量的工作。本书能够出版，也得益于深圳大学政府管理学院领导和科研组织的大力支持和帮助，在此一并表示感谢。

　　本书的部分内容已在《经济理论与经济管理》《经济学家》《经济评论》《财经问题研究》等期刊发表，在此感谢期刊编辑以及匿名评审专家的意见。

　　另外，我要感谢我的家人，是他们一直默默地支持和陪伴着我。

　　最后，感谢经济科学出版社的编辑同志，她们的认真工作使本书得以顺利出版。

　　由于作者水平有限，书中错漏在所难免，恳请各位读者不吝赐教。

王丽艳

2023 年 8 月